El
Carpintero

El
Carpintero

*Una historia sobre los principios
esenciales para alcanzar el éxito*

JON GORDON

Autor del bestseller *El autobús de la energía*

Prólogo de Ken Blanchard

Coautor de *El nuevo mánager al minuto*®

WILEY

Publicado por John Wiley & Sons, Inc., Hoboken, Nueva Jersey.
Publicado simultáneamente en Canadá.

Nota: «Social Connect» es una empresa ficticia.

Publicado originalmente como *The Carpenter: A Story about the Greatest Success Strategies of All*. Copyright 2014 by Jon Gordon.

El representante autorizado del fabricante según el Reglamento General de Seguridad de Productos de la UE es Wiley-VCH GmbH, Boschstr. 12, 69469 Weinheim, Alemania, correo electrónico: Product_Safety@wiley.com.

Para obtener información general sobre nuestros productos y servicios o para obtener soporte técnico, por favor comuníquese con nuestro Departamento de Atención al Cliente dentro de los Estados Unidos al (800) 762-2974, fuera de los Estados Unidos al (317) 572-3993 o fax (317) 572-4002.

Wiley también publica sus libros en diferentes formatos electrónicos. Parte del contenido que encontrará en la versión impresa puede no estar disponible en formatos electrónicos. Para obtener más información sobre los productos de Wiley, visita www.wiley.com.

Datos de catalogación de publicación de la Biblioteca del Congreso:

ISBN: 9781394349753 (pbk)
ISBN: 9781394354610 (epub)
ISBN: 9781394354627 (epdf)

Diseño de portada: Wiley
Imagen de portada: © sorendis/Getty Images (fondo);
© blackwaterimages/Getty Images (caja de herramientas)

SKY10099589_030725

Para Kathryn, quien estuvo a mi lado mientras construíamos una vida, una familia y una misión juntos.

Contenidos

Prólogo   *xi*

Agradecimientos   *xiii*

1 Colapso   **1**

2 Descanso   **5**

3 El carpintero   **9**

4 Estresado   **15**

5 Mucho por hacer   **17**

6 Diseña tu obra maestra   **19**

7 Sé un artesano   **25**

8 Tú lo sabrás   **29**

9 Todos quieren al carpintero   **33**

10 Cree   **37**

11 Háblate en lugar de escucharte   **41**

12 Sarah   **45**

13 Caos   **49**

14 La estrategia más poderosa para el éxito   53

15 El amor es un compromiso   59

16 Las personas son más importantes
que los muebles   63

17 La segunda estrategia más poderosa
para el éxito   67

18 El sándwich   73

19 La tercera estrategia más poderosa
para el éxito   75

20 Ama, ayuda y cuida   79

21 Valor   81

22 El corazón del éxito   83

23 Fracaso   85

24 El éxito lleva tiempo   87

25 El regalo del fracaso   89

26 Trabajo incompleto   91

27 Valentía   93

28 Un rayo de esperanza   95

29 Sé la misión   99

30 Todos para uno   103

31 Progreso   107

32 Todo es espiritual   109

33 Crear lo imposible   113

34 **Construye**   **117**

35 **El éxito debe compartirse**   **119**

   Herramientas para el éxito   *123*

   Lleva los principios esenciales para alcanzar
   el éxito a equipo y organización   *125*

Prólogo

Suelo comenzar mis sesiones para gerentes de todo el mundo con la pregunta: «¿Cuántos de ustedes se consideran líderes? Por favor, levanten la mano los que creen que sí». Siempre me sorprende que menos del 20 por ciento levanta la mano. ¿Por qué estos gerentes, cuyo trabajo es precisamente liderar a otros, no se consideran líderes?

La razón es que la mayoría de las personas, incluidos los gerentes, creen que el liderazgo se define por el título y el puesto que ocupan. Los que no levantan la mano piensan que sus títulos no son muy sofisticados o que no tienen un cargo lo suficientemente alto como para considerarse líderes.

Es probable que estos gerentes no tuvieron un padre como el mío. Mi papá, un almirante de la Marina condecorado en varias ocasiones, me enseñó lecciones invaluables sobre liderazgo. Nunca olvidaré el día que fui elegido presidente de mi clase de séptimo grado de la primaria; recuerdo que volví a casa y con orgullo se lo dije a mi papá. Él me dijo: «¡Felicitaciones, Ken! Pero ahora que eres presidente de la clase, no te aproveches de tu posición. Los grandes líderes son grandes porque la gente confía en ellos y los respeta, no porque tengan poder».

Este es el mensaje del maravilloso último libro de Jon Gordon, *El carpintero*. Te invito a pensar en el personaje principal como un mentor. Te enseñará que cualquier persona que ama, sirve y cuida es un líder.

Si eres empresario, cambia tu enfoque de «ganar» (sea lo que sea que signifique para ti) a usar tu negocio para amar, servir y ayudar a otros a crecer. Si lo haces, tendrás éxito y tu negocio crecerá superando tus expectativas.

También aprenderás que para conseguir el verdadero éxito debes ayudar a los demás. Tu primer trabajo en la vida no es juzgar y evaluar a las personas, sino ayudarlas a tener éxito en lo que se propongan. Es decir, el éxito debe ser compartido.

Me alegra mucho que hayas elegido leer este libro. *El carpintero* puede mejorar tu vida y tú puedes cambiar la vida de la gente que te rodea. Ellos luego pueden cambiar la vida de la gente de su círculo. Y, tal vez así, podemos cambiar el mundo, una persona a la vez.

—KEN BLANCHARD,
coautor de *El nuevo mánager al minuto*®
y *Liderazgo de nivel superior*

Agradecimientos

Quiero agradecer a Walter Isaacson, el autor de *Steve Jobs*, quien inspiró la historia que cuenta el carpintero sobre cómo su padre no quería usar madera barata para la parte trasera de los armarios. El padre de Steve Jobs le enseñó una lección similar mientras construía una cerca y, al leerla, adapté esa historia para mi libro.

Gracias a Erwin McManus, su discurso sobre cómo el éxito requiere un poco de locura me inspiró a escribir sobre este tema.

Gracias a Joey Green, autor de El camino hacia el éxito está pavimentado con fracasos (*The Road to Success is Paved with Failure*), por los ejemplos de fracasos famosos incluidos en este libro.

Gracias a Frank Gambuzza por revelarme el secreto detrás del éxito de su salón de peluquería.

Muchas gracias a mi editor, Matt Holt; a mi editora, Shannon Vargo y a todo el equipo de Wiley por creer en este libro y compartirlo con todo el mundo.

Gracias a mi esposa, Kathryn, por leer el manuscrito y hacer excelentes cambios y ofrecer valiosas sugerencias, como siempre.

Además, quiero agradecer a mis amigos Dan Britton y Joshua Medcalf por leer este libro y compartir sus ideas y sugerencias para mejorarlo.

Gracias a mi equipo, incluidos Daniel Decker, Brooke Trabert y Anne Carlson, por su apoyo y darme la oportunidad de hacer lo que mejor hago.

Gracias a todos los artesanos y artesanas que encaran la vida y el trabajo como artistas.

Gracias a todos los que aman, sirven y cuidan, y se convierten en la misión.

Sobre todo, agradezco a Dios por el Carpintero que me salvó en 2006 y transformó mi vida, mi corazón y mi alma para siempre.

Capítulo 1

Colapso

 Lo último que Michael recuerda antes de despertar en el hospital fue correr por la ciudad mientras pensaba en diferentes maneras de armar su empresa. Ahora, estaba acostado de espaldas en una cama de hospital con cables y máquinas conectados. Su esposa, Sarah, estaba sentada a su lado y una enfermera se encontraba de pie junto a él.

—¿Qué hago aquí? —preguntó somnoliento—. ¿Me atropelló un auto?

—Te desmayaste mientras corrías —respondió Sarah, llorando y temblando. Se conocían hace muchísimos años y no podía recordar haberlo visto tan enfermo o en un hospital.

—¿Cómo? ¿Por qué? —preguntó Michael.

—Eso mismo es lo que el médico quiere averiguar. Está revisando los resultados de tus estudios. Ya vendrá a hablarte pronto —dijo la enfermera.

—Espero estar bien —dijo Michael mientras miraba alrededor de la habitación y luego a Sarah. Ella trató de sonreír, pero no pudo ocultar su miedo. Estaba asustada y esperaba malas noticias.

Michael levantó su brazo, sintió una venda y un bulto en su cabeza: «¿Cómo llegué aquí?».

—La ambulancia te trajo. Tu cabeza golpeó el suelo muy fuerte. Un paramédico nos dijo que un hombre te vio colapsar y te ayudó. Uso su camiseta para detener la sangre y llamó al 911. Puede que te haya salvado la vida.

—¿Quién era?

—No saben su nombre. Les dio esa tarjeta que está en tu mesa.

Sarah le mostró a Michael la tarjeta. Era blanca, sencilla y solo tenía una palabra *Carpintero* y un número de teléfono en tinta negra y en negrita.

—No tiene gran habilidad para el *marketing* —bromeó Michael, recuperando su sentido del humor.

Los nervios de Sarah se transformaron en risa mientras movía la cabeza. Incluso en el hospital pensaba en su negocio. Estaba agradecida de que, por lo menos, él se sintiera más normal.

En ese momento, el médico entró y se paró junto a la cama de Michael: «La buena noticia es que no tuviste un ataque al corazón» —dijo, estrechando la mano de Michael.

—¡Ataque al corazón! —exclamó Michael—. ¡Soy muy joven para eso!

—No necesariamente —respondió el médico—. De hecho, tu cuerpo te está advirtiendo que debes bajar el ritmo y manejar tu estrés, o realmente experimentarás algo peor. ¿Has estado estresado últimamente?

Michael y Sarah intercambiaron miradas: «Tenemos un negocio —dijo Sarah—. Lo estamos armando juntos, y con dos hijos ha sido una locura».

—Recomiendo que bajen un poco el ritmo —el médico le dijo a Michael—. Ningún negocio o éxito vale tu salud y tu vida. Quiero que descanses unas semanas antes de volver a trabajar. Ayudará a tu corazón y a tu cabeza. También tienes una conmoción cerebral leve. Nada grave, pero queremos que tu cabeza se recupere también.

Michael miró a Sarah. Descansar parecía imposible con todo lo que estaba pasando.

El médico se estaba por ir, pero antes dijo: «Tienes suerte de que esto solo fuera una advertencia. Continuamente tengo pacientes que no reciben una. Recuerda, la vida nos ofrece advertencias por una razón. Aprende de esto. Haz las cosas de manera diferente. Tu salud, tus hijos y tus futuros nietos te lo agradecerán».

Capítulo 2

Descanso

Al día siguiente, Michael trató de seguir la recomendación del médico y se quedó en su casa leyendo y viendo televisión. No se lo diría a Sarah, pero preferiría morir antes que descansar. Además, la idea de que ella manejara el negocio sola lo angustiaba. Desde un comienzo, siempre habían trabajado juntos y sin importar lo que estuviera pasando en su vida, con la escuela, los deportes y las actividades de sus hijos ninguno había perdido un día de trabajo hasta hoy. Sabía que Sarah era más que capaz de manejar el negocio. Era el cerebro detrás de su software y servicios que ofrecían, y también gestionaba las operaciones cuando Michael se iba temprano para entrenar al equipo de baloncesto juvenil de su hija. Sin embargo, Michael era la fuerza impulsora detrás de sus ingresos y el crecimiento del negocio. Su empresa, Social Connect, había crecido exponencialmente en el último año, gracias a sus esfuerzos. Ambos habían pasado años en varias empresas emergentes tecnológicas antes de iniciar su propio proyecto. Era desalentador saber que su futuro dependía de Social Connect, y Michael estaba decidido a hacerlo exitoso.

Pero ahora, sus fuertes rasgos (impulso, ética de trabajo y pasión) afectaban su salud y no sabía qué hacer. Se sentía como un lanzador de béisbol al que le dicen que ya no puede usar su bola rápida. Quería volver al trabajo de inmediato, pero Sarah no lo permitiría. «Te divorciarás antes de que eso suceda», le dijo. «Que te tomes unas semanas no afectará o terminará con nuestro negocio, pero sí afectará tu salud».

Incapaz de hacer cambiar de opinión a Sarah, Michael se quedó dando vueltas por la casa mientras trataba de relajarse, pero sin éxito alguno. Se detuvo frente al televisor de pantalla plana en la sala familiar, se sentó en el sofá y pensó en el centro de entretenimiento que Sarah quería construir. Por primera vez, podía imaginarlo. Primero, pensó en construirlo él, pero luego se rio de la idea. Su padre siempre le había dicho que mejor hiciera mucho dinero porque necesitaría contratar gente para arreglar las cosas en la casa. Michael hizo algo aún mejor: se casó con una mujer hábil que podía arreglar cosas. Su padre era mecánico, sus hermanos eran plomeros, y cuando algo se rompía, los niños acudían a ella en lugar de a él. Sin embargo, construir centros de entretenimiento no era una de sus habilidades.

Michael entonces pensó en el carpintero que lo había salvado y recordó que tenía su tarjeta. «Realmente debería llamarlo para agradecerle», pensó. Pero ¿qué le dices a un extraño que te salvó la vida? «Hola. Me salvaste la vida. ¿Puedes construir centros de entretenimiento?». Michael encontró la tarjeta en la mesada y decidió que simplemente debía decir gracias y preguntarle dónde podía enviar un regalo. Llamó al número, y después de dejarlo sonar un poco, escuchó la voz del hombre que le salvó la vida: «Hola, no puedo responder en este momento porque estoy construyendo gabinetes de cocina en el 111 de Main Street. Estoy poniendo mi corazón y alma en estos gabinetes, así que no devolveré llamadas hasta que termine el trabajo. Por favor, sepa que le daré la misma atención y cuidado a su trabajo también. Si necesita hablar conmigo, no dude en venir al 111 de Main Street durante mi descanso de almuerzo al mediodía».

Michael sacudió la cabeza. Un carpintero que no dice su nombre en su buzón de voz y no devuelve llamadas a clientes potenciales. «¿Cómo tiene clientes?», se preguntó Michael. Este tipo no solo necesita una nueva tarjeta de presentación, también necesita mucha ayuda para construir su negocio.

Capítulo 3

El carpintero

Unos días después, tras ayudar a Sarah y a los niños a prepararse para la escuela, Michael dio un paseo lento por el parque. No fue idea suya; Sarah insistió. El médico le había recomendado hacer ejercicio sin mucho esfuerzo para mantener la circulación sanguínea. También le dijo que podía volver a todas sus actividades de rutina que no le causaran estrés, pero no podía trabajar. Después de su paseo, Michael tomó una botella con agua de la cocina y notó la tarjeta del carpintero en la mesada. La miró por unos segundos y decidió que era hora de agradecerle en persona.

«No todos los días conoces a alguien que te salva la vida», pensó Michael mientras se encontraba en el tráfico de la ciudad. «¿Y si no me cae bien? Es un pésimo publicista. ¿Y si es una mala persona?». Michael pensó múltiples escenarios mientras pasaba por la construcción que estaba causando el tráfico y decidió que sin importar el tipo de persona que fuera, el hombre merecía un agradecimiento. Después de todo, no todos los días necesitas que alguien salve tu vida.

Al mediodía, Michael llegó a 111 Main Street, una casa hermosa, grande y recién construida con una entrada circular llena de camionetas. Cuando se acercó a la puerta principal, vio que había pintores pintando las paredes y el techo, y los sonidos de martillos y serruchos llenaban el aire. Caminó hasta la cocina, notó a un hombre de piel oscura con cabello castaño hasta los hombros, vestido con *jeans* azules, sandalias marrones y una camiseta blanca, sentado a la mesa de la cocina, almorzando. El hombre levantó la mirada, vio a Michael y sus ojos se iluminaron. Corrió hacia él con una gran sonrisa y lo abrazó. «Michael, es genial verte. Te ves mucho mejor que la última vez que te vi», dijo antes de empezar a reír con ganas. «Me preguntaba cómo estarías. ¡Qué agradable sorpresa!».

—Estoy bien —dijo Michael un poco incómodo. No le gustaban mucho los abrazos y no esperaba una bienvenida tan cálida de un extraño.

El carpintero dio un paso atrás y examinó la frente de Michael, colocó su dedo cerca del corte. «Está sanando bien», dijo con una sonrisa radiante. «Me alegra ver eso».

—Sí, a mí también —dijo Michael con nerviosismo—. Quiero agradecerte por ayudarme ese día.

—No fue nada. Tú habrías hecho lo mismo por mí —respondió el carpintero mientras caminada de regreso a la mesa y le pidió a Michael que se sentara con él.

—¿Qué pasó exactamente? —preguntó Michael.

—Bueno, era muy temprano, justo cuando comienza a salir el sol. Estaba caminando rumbo a este trabajo, como hago para llegar a todos mis trabajos, y te vi corriendo. Luego, ¡pum!, caíste como si te hubieran disparado. Tu cabeza golpeó fuerte el suelo y comenzó a sangrar mucho. Me quité la camiseta, la apoyé con fuerza contra tu frente para detener el sangrado y pedí ayuda. Estabas inconsciente, pero cuando te pregunté tu nombre lo murmuraste lo suficientemente claro como para que se lo dijera a la policía cuando llegaron. Supuse que habría alguien que se preocuparía si no volvías de correr».

—Vaya. No puedo creer que hicieras todo eso para ayudarme. Muchas gracias. Me dijeron en el hospital que eras un verdadero héroe. Y que dejaste tu tarjeta para mí —dijo Michael mientras sostenía la tarjeta en su bolsillo.

—Así es —dijo el carpintero.

—Pero no tiene tu nombre. Ni siquiera sé cómo te llamas.

—Oh, perdón. Por lo general escribo mi nombre en la tarjeta para hacerlo más personal. Pero con la prisa para llevarte al hospital, lo olvidé. Mi nombre es J. Emmanuel —dijo, sonriendo y extendiendo la mano para estrechar la de Michael. —J. es mi primer nombre y Emmanuel es mi segundo nombre. Pero todos me llaman J.

—¿J es corto para Jason o es J-A-Y? —preguntó Michael.

—No, es solo una J y un punto. Mis padres creían que era único.

—Está bien, J. —dijo Michael con una sonrisa, estrechándole la mano. —Me alegro de poder ponerle un nombre, o una inicial, al hombre que me salvó la vida.

El carpintero se rio mientras se levantaba y caminaba hacia los gabinetes que estaba construyendo. «Me alegra haber estado allí para ayudar. Cuando no estoy caminando por la ciudad salvando vidas, construyo cosas como esta», dijo, mostrando orgullosamente su trabajo en madera.

Michael, aunque no era hábil, reconocía el trabajo de calidad cuando lo veía. Estos eran los mejores gabinetes que

11

había visto. El carpintero necesitaba ayuda con el *marketing*, pero ciertamente no con la carpintería. «Se ven increíbles», dijo Michael. «¿También construyes centros de entretenimiento?».

—Puedo construir cualquier cosa. Ya he construido prácticamente todo —dijo el carpintero.

—¡Buenísimo! Resulta que mi médico y mi esposa me están obligando a tomarme unas semanas libres del trabajo para relajarme y recuperarme. Necesito a alguien que me ayude a construir un centro de entretenimiento. Me encantaría devolverte el favor por salvarme la vida —dijo Michael, pensando que podría usar el trabajo.

—Me honra que quieras que construya algo especial en tu hogar, pero por favor, debes saber que no tienes que devolverme nada —dijo el carpintero, poniendo sus manos en su corazón—. Yo doy y no espero nada a cambio. Es una forma hermosa de vivir y trabajar. Si quieres que construya tu centro de entretenimiento, me encantaría, pero elígeme por mi trabajo, no por obligación. Nunca hagas nada por obligación. Haz todo con gratitud y amor. Es mucho más poderoso así.

Michael asintió, considerando las palabras del carpintero. Claramente, había más en este hombre. La mayoría de las personas simplemente aceptarían el trabajo, pero no él. Quería ser contratado por la calidad de su trabajo. J. era un hombre de principios. Michael lo habría contratado independientemente de si J. hubiera salvado su vida o no. Siendo el gran oyente y vendedor que era Michael, se levantó y dijo: «Está bien, ¿qué te parece esto?: "Estoy agradecido porque me salvaste la vida, y debido a tu habilidad, me *encantaría* que construyeras un centro de entretenimiento en mi hogar"».

—Eso suena maravilloso —dijo el carpintero y comenzó a reír mientras le daba una palmadita en la espalda a Michael. J. sabía que aún no estaban completamente en la misma sintonía, pero lo estarían pronto. Podía decir que Michael era un aprendiz de por vida, y eso significaba que podían construir más que un centro de entretenimiento.

—¿Cuándo puedes empezar? —preguntó Michael.

—Ya casi termino con estos gabinetes y estoy ocupado por meses, pero haré tiempo para ti y reorganizaré algunas cosas. ¿Qué te parece si empezamos pasado mañana?

—Suena genial. Aquí está mi dirección —dijo Michael mientras escribía la información en el reverso de una de sus tarjetas para entregársela a J—. Aprecio que hagas tiempo para mí. No sabía que estabas tan ocupado.

—Oh, sí. Estoy muy ocupado. De hecho, me dicen que soy el carpintero más ocupado de la ciudad.

—¿En serio? —dijo Michael sorprendido—. ¿Por qué?

—Es por los principios que guían mi negocio. Conozco las mejores estrategias de éxito de todas —dijo el carpintero.

Ahora Michael tenía mucha curiosidad. Seguramente, no estaba hablando de su tarjeta de presentación o su habilidad para el *marketing*. «¿Cuáles son?», preguntó.

—Te las diré cuando te vea en dos días. Hay más personas que vinieron a verme —dijo el carpintero antes de darle un abrazo de despedida a Michael y saludar a la fila de personas que esperaban para hablar con él. Mientras Michael salía de la cocina y pasaba al grupo que esperaba contratar a J., comenzó a creer que el carpintero podría ser mucho más inteligente de lo que pensaba.

El carpintero

Capítulo 4

Estresado

Michael se despertó en medio de la noche y miró el reloj: 03:33 a. m. Intentó volver a dormir, pero no pudo. Tuvo otra pesadilla, él luchaba contra personas sin rostro por razones desconocidas. En su sueño, gritaba pidiendo ayuda, pero nadie lo escuchaba. Todo se movía en cámara lenta mientras intentaba evadir a sus atacantes, que se acercaban cada vez más. Justo cuando estaban a punto de emboscarlo, se despertó cubierto de sudor, con el corazón acelerado y la cabeza palpitante. Llevaba meses teniendo problemas para dormir, lo que contribuía al estrés que lo hizo desmayarse cuando corría. Los últimos días, mientras se recuperaba, leyó un libro sobre el estrés y el sueño, que describía el círculo vicioso en el que estaba atrapado: el estrés afecta la capacidad para dormir y la falta de sueño aumenta el estrés.

Sarah y sus amigos seguían diciéndole que se relajara, pero ¿cómo podía hacerlo? Estaba construyendo un negocio, su familia y su empresa dependían de él. Cómo podía relajarse cuando había trabajado en ventas toda su vida y ahora toda una empresa dependía de su liderazgo y guía. Cada decisión que tomaba importaba y afectaba a empleados, clientes y familias. Cuando estaba en ventas, solo tenía que vender y cobrar un cheque. Ahora, él estaba firmando los cheques de pago. Con el paso de los años, ya había dominado las ventas, pero no tenía entrenamiento en liderazgo. Nada lo preparó para el éxito y los desafíos que enfrentaba Social Connect. Se sentía desprevenido y temía decepcionar a su esposa, familia y empresa. Este era el punto culminante de su carrera, y no podía fallar. «¿Cómo podría alguien relajarse con este tipo de carga?» se preguntaba Michael mientras ya no intentaba dormir más y caminaba a su oficina en casa. Encendió la computadora para revisar los números de ventas de Social Connect de los últimos días. Sarah le había prohibido revisarlos, pero necesitaba saberlo para su bienestar. Si ella lo atrapaba, le diría la verdad: no mirar los números le causaba más estrés que verlos.

Se sintió aliviado al ver que las ventas eran constantes y que seguían llegando nuevos negocios, a pesar de su ausencia. Sin embargo, le preocupaba que la tendencia no continuara si se quedaba fuera más tiempo. «Tengo que volver al trabajo, pensó. No poder ir me está matando más que estar allí». Dejó un mensaje de voz para su asistente, pidiendo que cuando llegara a la oficina lo llame para ponerlo al día. Luego, fue hasta el cuarto de sus hijos para mirarlos mientras dormían profundamente en sus habitaciones. «La calma antes de la tormenta», pensó.

Capítulo 5

Mucho por hacer

Cuando Sarah y los niños entraron a la cocina esa mañana, Michael ya había preparado el desayuno. Quería hacer huevos, pero se habían acabado. A menudo se quedaban sin provisiones porque rara vez tenían tiempo para ir de compras. Cada día era una carrera contra el reloj: llevar a los niños a la escuela, ir al trabajo, asistir a reuniones, eventos después de la escuela, la cena, la hora de dormir y luego empezar todo de nuevo. Ir de compras era un lujo.

—Papi, ¿hoy vas a dirigir la práctica de baloncesto? —preguntó su hija de nueve años durante sus habituales 10 minutos de tiempo familiar en la mesa de la cocina. Michael miró a Sarah y dijo: «No lo sé. Pregúntale a mamá».

—No, papi se pone muy nervioso y grita mucho, lo cual no es bueno para él en este momento —respondió Sarah.

—¿No crees que *esto* es estresante? —dijo Michael, levantando la voz mientras su hijo de siete años derramaba su cereal sobre la mesa—. Si puedo con esto, puedo dirigir. ¡Es lo mismo!

—Tú solo gritas un poquito en casa —dijo su hijo inocentemente, haciendo que Sarah y Michael se rieran a carcajadas.

—Papi estará dirigiendo en unas semanas, pero por ahora, no estará en la práctica —dijo Sarah mientras Michael suspiraba.

—Es hora de tomar el autobús —dijo Michael mientras la familia se apresuraba a recoger sus cosas. Por supuesto, su hijo no podía encontrar sus zapatos por unos minutos y cuando los encontró, los cordones estaban tan apretados que no podía ponérselos. Estaban doblemente anudados, así que Michael tuvo que desatarlos y ayudar a su hijo a ponérselos. Una vez que resolvieron el problema de los zapatos, corrieron a la parada del autobús y apenas lo alcanzaron, solo para escuchar a su hija gritar por la ventana que olvidó su resumen del libro. Una vez más, Michael tendría que llevar uno de sus proyectos a la escuela.

Cuando él y Sarah regresaron caminando, la miró y le dijo: «Esto es más estresante que el trabajo».

—Pronto. Pronto volverás —dijo ella, dándole un beso de despedida al mismo tiempo que tomaba su bolso e iba apresurada hacia su auto, donde pasaría mucho tiempo en el tráfico camino a una reunión importante.

Michael entró a la sala de estar y miró la pared donde el carpintero construiría un centro de entretenimiento mañana. Se preguntó si sus estrategias de éxito incluían la reducción del estrés porque necesitaba volver al trabajo para tener éxito.

Capítulo 6

Diseña tu obra maestra

 A la mañana siguiente, el timbre sonó poco después de que Sarah y los niños salieran para la escuela. Michael abrió la puerta y encontró al carpintero, sonriendo y vestido con el mismo *jeans*, las mismas sandalias y camiseta blanca.

El carpintero saludó a Michael con un abrazo. Michael pensó que era algo a lo que se debería acostumbrar si quería su centro de entretenimiento.

—¿Cómo te sientes? —preguntó J.

—Me siento muy bien —respondió Michael—. Gracias por preguntar. Entonces, ¿dónde están tus herramientas?

—Oh, no las necesito hoy. Hoy no voy a construir nada. Antes hacer una obra maestra, debes diseñarla. Pasa lo mismo con la vida. Muchas personas viven al azar, pero cuando vives con un diseño y sabes qué vida quieres crear, puedes crear una obra maestra en lugar de un montón de chatarra.

Michael no pudo evitar pensar en su propia vida. ¿Estaba viviendo al azar o con un diseño? ¿Estaba creando una obra maestra o causando el fracaso de su cuerpo?

—Ahora cuéntame qué tenías en mente —dijo el carpintero mientras caminaban hacia la sala de estar.

Michael tomó una revista de diseño de interiores y le mostró a J. una página que Sarah había marcado: «A mi esposa le encanta este estilo. ¿Puedes construir algo así?».

—Por supuesto. Puedo construir cualquier cosa. Ahora que lo veo, puedo diseñarlo. ¿Tienes un papel y un lápiz?

Michael los sacó del «cajón de todo» donde se guardan los lápices, marcadores y gomas de los niños, y se los entregó al carpintero, quien rápidamente esbozó un diseño. Unos pocos minutos después, le mostró el diseño a Michael: «¿Qué te parece algo así?».

—¡Sí, perfecto! No puedo creer que lo hayas dibujado tan rápido.

—Es un don. Lo veo y lo creo.

—¡A Sarah le encantará! —exclamó Michael.

—Excelente. Ahora que sabemos cómo quieres que sea tu obra maestra, podemos empezar a crearla. Pero debo hacerte una pregunta muy importante, Michael: ¿cómo se ve la obra maestra de tu vida?

Michael dudó, sin saber cómo responder. Sabía que iban a hablar de diferentes cosas, no solo del centro de entretenimiento, pero no sabía que iban a tratar temas personales de la vida. «Cuando mencionaste la creación de una obra maestra, me quedé pensando si yo la estaba creando o no. O sea, pensé que sabía cómo se veía con nuestra empresa, pero después de colapsar e ir al hospital, me di cuenta de que sin mi salud no puedo crear mi obra maestra. Creo que mi visión de cómo sería está un poco borrosa ahora».

—Está bien. Las cosas borrosas pueden enfocarse con las preguntas y estrategias correctas —le aseguró el carpintero—. Siempre me preguntan, como tú el otro día, porqué estoy tan ocupado y tengo tanto éxito, creo que comenzó con mi carrera que me pregunté cómo se veía el éxito. Me pregunté cómo se veía mientras estaba triunfando en mi vida y en lo profesional y cómo se veía al final de mi vida. Comencé con el final en mi cabeza y trabajé para atrás. Tenía una visión para mi vida y trabajé todos los días para convertirla en realidad.

—Entiendo muy bien. Hicimos lo mismo cuando comenzamos Social Connect —dijo Michael—. Leí que todos los grandes líderes y organizaciones hacen lo mismo. Ven al mundo no tal cual es, pero como podría ser. Luego, antes de comenzar con una iniciativa, un proyecto, el lanzamiento de un producto, una estación o campaña, se preguntan cómo se vería el mundo una vez que terminen. Una vez que puedes visualizar cómo podría ser y sabes cómo se ve el mundo, estás listo para crear, diseñar y lanzar el producto. Después de leer sobre tantas personas y organizaciones exitosas que hacían esto, imaginamos cómo podríamos cambiar el mundo con nuestra empresa.

—¡Exactamente! —exclamó el carpintero—. Ahora debes hacer lo mismo con tu vida. Pregúntate: ¿cómo se ve cuando estás en tu mejor estado de salud? ¿Cómo es tu situación familiar mientras persigues el éxito? ¿Estás ignorando a la gente que más amas o estás haciendo tiempo para estar con ellos? ¿Qué es lo que más importa? ¿Qué prioridades te impulsan cada día? ¿Qué te hace sentir vivo? ¿Qué estás haciendo para vivir y compartir tu propósito? Cuando mires al pasado en tu vida, ¿qué te gustaría poder decir sobre ella? ¿Cómo te quieres sentir? ¿Qué te hubiera gustado lograr? ¿Qué legado dejarás? En algunos años, las personas estarán contando historias sobre vos y te tienes que preguntar qué tipo de historias

Diseña tu obra maestra

quieres que cuenten. Preguntas poderosas como estas te ayudan a diseñar y crear una gran vida.

—¿Te hiciste estas preguntas sobre tu vida? —preguntó Michael. Interesado en conocer la fuente de los conocimientos del carpintero.

—Lo hice, y marcaron toda la diferencia. Me ayudaron a crear una vida y una carrera asombrosas. Mis hijos crecieron y tienen sus propios hijos. Y aunque no planeé perder a mi querida esposa, la mayoría de los diseños perfectos deben ceder ante los planes maestros del Creador principal. Pero los momentos que tuvimos juntos fueron los mejores de mi vida. Diseñar mi obra maestra y mis otras estrategias exitosas los hizo posibles. Al final, cuando mire al pasado sonreiré por lo que he hecho en lugar de lamentar lo que no hice.

—Siento mucho tu pérdida —dijo Michael mientras observaba el rostro del carpintero. La apariencia juvenil no coincidía con su edad, pero su sabiduría sí—. Eres mucho más que un carpintero, ¿verdad? —preguntó.

—Sí, lo soy. Durante años, he construido más que muebles; he ayudado a las personas a construir sus vidas, carreras y equipos. No lo planifiqué así. Simplemente sucedió. Es mi propósito y lo recibo. Después de todo, las cosas materiales con el tiempo se desvanecen. Sin importar cuán hermoso sea el centro de entretenimiento que construya, no durará para siempre. Pero las escaleras que creo, las relaciones que fomento y las estrategias de éxito que comparto perduran en el tiempo. Aunque estoy contento de poder construir este centro de entretenimiento, estoy mucho más feliz de ayudarte a construir tu vida.

Michael se tocó su cara al escuchar las palabras del carpintero que lo hicieron pensar en todos los desafíos que enfrentó: «¿Tus estrategias de liderazgo me ayudarán a ser un mejor líder? —preguntó Michael.

—¡Absolutamente! Mis estrategias ayudan en cada aspecto de la vida: a los líderes a liderar, a los vendedores a vender, a los entrenadores a entrenar, a los padres a ser padres y a los maestros a enseñar. Son las estrategias de éxito principales que ayudan a las personas a construir lo que sea que quieran construir. Ya sea una familia, un equipo, un negocio, un colegio, una carrera o una organización, mis herramientas para alcanzar el éxito son poderosas y tres de estas estrategias son las más importantes de todas.

»Pero no es suficiente con creerme y listo. Podrás implementar estas estrategias. Podrás hacerlas un hábito y se convertirán en parte de quien eres y en cómo vives y trabajas. Cuando lo hagas, verás que son simples, pero revolucionarias. Estas estrategias no las cree yo, me las enseñó mi padre y he sido testigo de su poder en mi vida y en la vida de otros. La mayoría de las personas no las implementa porque no creen que pueda ser algo tan simple. Piensan que una estrategia tiene que ser muy grande y compleja para funcionar, pero en la práctica las estrategias más exitosas son muy simples. Lo simple es poderoso. Recuerda, simple no significa fácil. Aún tienes que hacer algo al respecto.

El carpintero aclaró su garganta y continúo: «Esto es lo que sé, Michael. Nuestras vidas se cruzaron por una razón. No estaba destinado solo a salvar tu vida; estaba destinado a ayudarte a crearla. Cuando construimos tu mejor versión, construirás un mejor negocio que dure una eternidad. ¿Estás listo para aprender mis estrategias de éxito favoritas mientras comienzas a diseñar tu obra maestra?».

—Sí, pero debo advertirte, va a tomar mucho tiempo convertirme a mí y a mi vida en una obra maestra. Estoy un poco deteriorado como ya te habrás dado cuenta.

—Está bien. Algunos de mis mejores trabajos han sido tomar cosas rotas y hacerlas completas de nuevo. Estoy listo para el desafío. ¿Qué te parece si vamos a buscar la madera y los materiales que necesitamos para construir el centro de entretenimiento? Te contaré más en el camino.

Capítulo 7

Sé un artesano

 —Una vez que diseñes tu obra maestra, debes abordar tu vida y tu trabajo como un artesano —dijo el carpintero mientras conducían hacia la tienda —El éxito comienza siendo un artesano.

—Pero tu tarjeta dice «carpintero» —dijo Michael—. ¿Por qué no poner «artesano»?

—Porque todos entienden lo que hace un carpintero. Poner «artesano» en la tarjeta podría causar rechazo en algunas personas. La gente se siente cómoda con el término «carpintero», así que lo uso como estrategia de *marketing* —explicó orgulloso. Michael sonrió, ansioso por aprender las estrategias del carpintero, pero sin creer que el *marketing* sea parte de ellas.

»Consigo trabajos como carpintero, pero abordo mi trabajo como un artesano —agregó J.

—¿Cuál es la diferencia? —preguntó Michael.

—Un carpintero construye cosas. Un artesano crea una obra de arte. Mientras que la mayoría de las personas solo quieren terminar su trabajo ni bien lo empiezan, los artesanos se enfocan en quiénes están convirtiéndose y qué están creando, no solo en terminar rápido. Después de todo, no tiene sentido terminar algo si no es una obra de arte.

»Como artesano, sé que mis creaciones no durarán para siempre, pero trabajo como si lo hicieran. Pongo mi corazón y alma en todo lo que construyo, consciente de que todo lo que creo es un reflejo de mí. Cuando creo arte, me siento lleno de energía, y comparto esa energía con los que experimentan mi trabajo. Con cada creación, me convierto más en la persona que estaba destinado a ser.

—Oírte decir «corazón y alma» —dijo Michael cuando se detuvo en un semáforo en rojo mirando al carpintero—, me recordó tu mensaje de correo de voz. Me sorprendió que no devolvieras las llamadas porque estabas poniendo tu corazón y alma en tu proyecto actual y harías lo mismo por otras personas.

—Sí, eso también es una estrategia de *marketing* —J. se rio—. No es un truco; es la verdad. Honestamente, empecé a decir eso por necesidad. No tenía a alguien que devolviera las llamadas por mí, así que tuve que decidir qué era lo más importante de mi trabajo. Me di cuenta de que era el arte que creaba. Sabía que mi trabajo como artista debía ser lo primero y no podía dejar que las distracciones interfirieran. Así que en mi correo de voz le decía a la gente la verdad. No devuelvo llamadas porque estoy enfocado en mi trabajo. Si pasara todo mi tiempo devolviendo llamadas, no tendría la energía para crear arte extraordinario. Así que la gente viene a verme durante mi hora de almuerzo, hablamos, y todo se arregla en ese momento. Si estoy trabajando en algún lugar donde la gente no puede visitarme, les digo que me encuentren en mi tienda de burritos favorita cuando termino de trabajar. No es una estrategia que recomiendo para la mayoría de las personas, pero funciona para mí. El hecho de que esté tan ocupado demuestra que la gente valora mi trabajo más que lo rápido que devuelvo sus llamadas.

»El mundo está lleno de personas que hacen las cosas más rápido y barato, pero necesita más artistas, artesanos y artesanas. Cuando te conviertes en un artesano en un mundo de carpinteros, destacarás, y la gente hará fila para trabajar contigo.

Capítulo 8

Tú lo sabrás

—¿Cuándo aprendiste la diferencia entre un carpintero y un artesano? —preguntó Michael.

El carpintero se mantuvo en silencio por unos segundos mientras una lágrima caía por su mejilla.

—En mi adolescencia vi a mi padre hacer un gabinete por primera vez. Estaba trabajando con la madera más fina y cara que existía. Como no teníamos mucho dinero le pregunté por qué no usaba una madera más barata para la parte trasera del gabinete si nadie la iba a ver. Mi padre sacudió la cabeza y dijo: «Yo lo sabré. Tú lo sabrás. Nosotros lo sabremos».

»Fue entonces cuando entendí lo que significaba ser un artista. Decidí ser un artesano, a pesar de los costos más altos. La madera era más cara, el trabajo requería más energía, enfoque y esfuerzo, y el proceso implicaba más sudor y fracasos. Me llevó años y lágrimas dominar mi oficio, pero era la única manera. Mi padre me enseñó que si me enamoraba del proceso, amaría el resultado del proceso.

—No es fácil —dijo Michael, al recordar todo el esfuerzo que puso en su carrera de ventas antes de lanzar Social Connect.

—No, no es nada fácil —continuó el carpintero con mucha emoción. Todos pueden ser artesanos, pero no todos están dispuestos a convertirse en uno. Todos quieren hacer lo que hacen los grandes, pero muy pocos están dispuestos a hacer lo que ellos hicieron para llegar a ser grandes. Muchos quieren cinco minutos de fama, pero no quieren pasar miles de horas dominando su oficio.

»Cuando conozco a carpinteros jóvenes, me preguntan por qué tengo tanta demanda. Piensan que me convertí en un éxito de la noche a la mañana. Pero no hay tal cosa. El camino al éxito es el camino de un artesano, trabajas muy duro por años. Te presentas todos los días, haces el trabajo y te ves a ti mismo como un artista dedicado a tu oficio, esforzándote por mejorar cada día. Pones tu corazón y alma en tu trabajo, apuntando a la excelencia. Deseas crear la perfección, consciente de que es inalcanzable realmente, pero confiado de que podrás estar lo más cerca posible. Pruebas cosas nuevas, fracasas, mejoras y creces. Enfrentas innumerables desafíos y rechazos que te hacen dudar de ti mismo y querer renunciar. Pero no lo haces. Sigues trabajando duro, mantienes una actitud positiva y perseveras con resiliencia, determinación y esperanza. ¡Entonces lo logras! Todos quieren trabajar contigo. El mundo se pregunta: «¿Dónde has estado?». Y tú respondes: «Estuve aquí todo el tiempo, mejorando día a día». Para el mundo, eres un éxito de la noche a la mañana. Para ti, el viaje continúa. Eres un artesano que quiere que su próxima obra de arte sea la mejor, sin importar tus logros pasados —Hizo una pausa y se rio—. Lo que significa que tu centro de entretenimiento va a ser el mejor trabajo de mi vida —dijo el carpintero, sonriendo mientras llegaban a la tienda de materiales para la construcción.

Capítulo 9

Todos quieren al carpintero

Parecía que todo el mundo en la tienda conocía al carpintero. Mientras caminaban, la gente lo saludaba o se detenía para saludarlo.

—¿Cómo estás, J.?

—¿Qué tal, J.?

—¿Cómo va el negocio, J.?

—¿Cuál es tu último proyecto, J.?

El carpintero devolvía los saludos y charlaba con quienes querían hablar. Michael sentía que estaba con el rey de las mejoras del hogar. Estaba claro que todos querían a J., y él también los quería.

—¿Cómo conoces a tanta gente? —Preguntó Michael de regreso a su casa.

—Eran clientes o personas con las que he trabajado en diferentes proyectos. Cuando trabajas tanto tiempo como yo y haces tantos trabajos, conoces a mucha gente.

—Conocer a mucha gente y que realmente les caigas bien es otra cosa —dijo Michael—. Obviamente tienes una gran reputación en la industria. Puedo ver cómo ser un artesano atrae a la gente hacia ti.

—Honestamente, lo que atrae a la gente es más que ser un artesano —dijo el carpintero—. Aunque en mi industria me respetan y me destaco por sobre los que solo hacen un trabajo en lugar de crear arte, también es esencial tener la actitud y el enfoque correctos en la vida y el trabajo. Cuando ves lo bueno, buscas lo bueno y esperas lo bueno, encuentras lo bueno y lo bueno te encuentra a ti.

—¿Cómo es eso? —preguntó Michael, sintiendo que últimamente no atraía muchas cosas buenas.

—No sé exactamente —dijo el carpintero—. Solo sé que en lo que piensas, te conviertes. Sé que la visión que tienes del mundo determina cómo ves al mundo y cómo ese mundo te ve a ti. Tu perspectiva puede convertir una mala situación en un gran resultado. Una actitud positiva atrae a la gente hacia ti y te da el poder para superar obstáculos mientras construyes tu éxito.

—Siento que estoy enfrentando un desafío tras otro —dijo Michael mientras llegaban a su casa y descargaban los materiales y las herramientas.

—Sí. Coincido que estás pasando por un momento difícil, pero no estás solo. Cualquiera que intente construir grandes cosas enfrentará desafíos. Es parte del proceso de construcción. Sin lucha, no hay recompensa. Sin obstáculos, no hay crecimiento. Sin contratiempos, no hay triunfo. Sin fracaso, no hay victoria final ni sentimiento de logro. Como constructor de vidas, personas y equipos, debes estar preparado para los desafíos, la adversidad, los rechazos y la negatividad, pero también debes tener una expectativa aún mayor de que los superarás.

—No me he estado sintiendo así —dijo Michael—. Creo que es la primera vez que estoy en una situación así. Solía sentirme imparable. Nadie era más optimista que yo. Por eso quise empezar el negocio con Sarah. ¿Cuántos se sienten capaces de comenzar un negocio desde cero y lograr que se transforme en una marca que inspire confianza? Pero ahora siento que voy a estar atrapado en esta casa para siempre. Siento que he decepcionado a todos. Estoy perdiendo la batalla.

—Yo lo veo de manera diferente —dijo el carpintero—. Te veo descansando y aprendiendo. Te veo haciéndote más fuerte, preparándote para cosas más grandes para poder llevar tu vida y tu trabajo a un nivel superior. Recuerda, nuestra mayor batalla llega antes de nuestra mayor victoria. Y veo grandes victorias en tu futuro.

—Me encantaría ver lo mismo que tu —dijo Michael, valorando el apoyo.

—¡Sí, puedes! Puedes *elegir* verlo. Puedes elegir *creerlo*. La vida y el éxito se tratan de lo que eliges creer. Es fácil creer que todo irá bien cuando todo va bien, pero la verdadera prueba de tu fe es lo que crees durante los desafíos. Nelson Mandela lo dijo mejor:

«Ante todo soy optimista. No sé si nací optimista o si lo aprendí. Pero lo que sé es que, como optimista, debo mirar siempre hacia el sol y mantener mis pies en movimiento hacia el futuro.

Hubo muchos días en los que mi fe en la humanidad fue duramente puesta a prueba, pero nunca dejé que la desesperación me venciera, porque sabía que ese el camino que lleva a la derrota y a la muerte».

»Y antes de Nelson Mandela, estuvo el carpintero más grande que el mundo haya conocido y dijo:

«Todo es posible para el que cree».

Capítulo 10

Cree

 Mientras despejaban la sala quitando los muebles y preparaban el área para comenzar su trabajo, el carpintero continuó su conversación con Michael.

—Aprendemos mejor a través de historias, así que déjame contarte sobre una tribu antigua aislada del resto del mundo. Los hombres de esta tribu corrían hasta 60 kilómetros aproximadamente al día para entregar mensajes a otras tribus. Sorprendentemente, a medida que envejecían, podían correr más rápido, por más tiempo y llegar más lejos que los hombres más jóvenes. Los investigadores, al descubrir esta tribu, quedaron asombrados. ¿Cómo era posible? Esto se contradecía con todo lo que conocemos y vivimos en el mundo actual. Al investigar y pasar tiempo con ellos, los investigadores descubrieron el secreto. No estaba en los genes, en el grupo sanguíneo o en los atributos físicos, sino en la creencia. La tribu estaba aislada del mundo, entonces solo conocían lo que veían. Lo que podían ver era personas corriendo por más tempo, más rápido y que llegaban más lejos a media que envejecían, para ellos esto era así. Creían que podían correr casi 60 kilómetros por día y lo hacían.

Luego, el carpintero colocó la madera en el suelo, miró a Michael, quien escuchaba atentamente, y continúo:

>*Cuando crees, lo imposible se vuelve posible. Lo que crees moldea tu realidad. Tu optimismo hoy determina tu éxito mañana. No te enfoques en los desafíos; mira hacia el futuro. No te enfoques en las circunstancias. Enfócate en las creencias que te ayudarán a tener éxito*».

J. caminó hacia Michael y le dio su bolsa de herramientas y le dijo: «Con estas herramientas, tienes el poder de crear, ¿no es así?».

—Sí —respondió Michael.

—Piensa en las creencias correctas como herramientas y el poder para crear tu éxito. Di estas palabras cada mañana y a lo largo del día para construir una vida increíble y lograr el éxito:

«Espero que hoy sucedan grandes cosas.

Confío en el plan de Dios para mi vida.

Acepto todo el amor, la alegría, la abundancia y el éxito en mi vida.

Acepto a todas las personas que quieren trabajar conmigo y beneficiarse de mis dones y amor.

Cada día me estoy volviendo más fuerte, más saludable y mejor persona».

»Ahora repite después de mí —dijo J. Michael se unió a él y comenzaron a decir las frases.

Después de algunas repeticiones, Michael se detuvo y rio.

—Honestamente, me siento un poco tonto diciendo esto en voz alta. Se siente como un discurso motivacional al que mi antigua empresa solía enviarnos. Siempre me sentía un poco loco diciéndolo.

—Entonces no lo digas en voz alta —le respondió el carpintero—. Escríbelas o dilo en silencio. Si no eres lo suficientemente loco como para declarar lo que quieres, no eres lo suficientemente loco como para tener éxito. No sé si te diste cuenta o no, pero tienes que ser un poco loco para tener un gran éxito. Cada genio e idea grandiosa en la historia fue considerada loca por aquellos demasiado «normales» para ver y entender la visión de esa persona «loca». Las mentes pequeñas no pueden comprender los grandes sueños.

—Supongo que mucha gente dijo que estaba loco cuando comenzamos Social Connect —dijo Michael.

—Por supuesto que lo hicieron. Estabas intentando algo sin precedentes. Tienes que estar un poco loco para intentarlo, sabiendo que es probable que fracases. Ahora, necesitas estar un poco loco por el futuro. No seas normal. Sigue siendo loco. De ahora en adelante, háblate a ti mismo en lugar de escucharte a ti mismo. Es una herramienta poderosa para construir el éxito.

Capítulo 11

Háblate en lugar de escucharte

El carpintero continuó: «Una vez conocí al Dr. James Gills, quien completó seis triatlones Ironman dobles. Esto significa que compitió 4 kilómetros a nado, 180 kilómetros de ciclismo en carretera y 42 kilómetros de carrera a pie, y lo volvió a hacer 24 horas después. Fue la única persona en el mundo en hacer esto seis veces. Cuando le pregunté cómo lo logró, me dijo: «He aprendido a hablarme en lugar de escucharme. Escucharme trae pensamientos negativos, quejas, miedos y dudas y todas las razones por las que no debería terminar la carrera. Pero si me hablo, si me escucho, me da el ánimo que necesito para terminar la carrera». Memorizaba y citaba las escrituras para mantenerse motivado hasta la línea de meta.

»¿Y tú? ¿Te hablas a ti mismo o te escuchas a ti mismo? —preguntó el carpintero.

—Sí, he estado escuchándome últimamente —respondió Michael.

—Y si estuvieras entrenando para completar un triatlón Ironman con esta mentalidad, ¿qué habrías hecho hasta ahora?

—Me habría rendido.

—Entonces, ¿qué necesitas hacer de ahora en adelante?

—Necesito hablarme y llenarme de palabras de aliento para seguir adelante.

—Exacto —dijo el carpintero mientras caminaba hacia la puerta principal—. Los pensamientos negativos son los clavos que construyen una prisión de fracaso. Los pensamientos positivos te construirán una obra maestra. Estamos listos para grandes cosas. Tu mente está preparada para el éxito y la habitación está lista para que empecemos a construir nuestra obra maestra mañana.

Cuando Michael abrió la puerta, notó que el carpintero no tenía auto: «¿Necesitas que te lleve a casa?» —preguntó.

—No, me encanta caminar. Me da tiempo para pensar, reflexionar, imaginar y crear cosas hermosas —respondió el carpintero con una sonrisa en su rostro. Luego le entregó una tarjeta de su bolsillo—. Toma. Son afirmaciones positivas para cuando enfrentes desafíos y necesites positividad—. Michael leyó la tarjeta:

Me comprometo a mantenerme positivo frente a la negatividad.

Cuando esté rodeado de pesimismo, elegiré el optimismo.

Cuando sienta miedo, elegiré la fe.

Cuando quiera odiar, elegiré el amor.

Cuando quiera estar amargado, elegiré mejorar.

Cuando enfrente un desafío, buscaré una oportunidad para aprender y crecer.

Cuando enfrente la adversidad, encontraré fuerza.

Cuando experimente un contratiempo, seré resiliente.

Cuando me encuentre con el fracaso, fallaré hacia adelante, hacia el éxito futuro.

Con visión, esperanza y fe, nunca me rendiré y siempre avanzaré hacia mi destino.

Creo que mis mejores días están por delante, no detrás de mí.

Creo que estoy aquí por una razón y mi propósito es más grande que mis desafíos.

Creo que ser positivo no solo me hace una mejor persona, mejora a todos a mi alrededor.

Así que hoy y todos los días seré positivo y me esforzaré por tener un impacto positivo en el mundo.

Michael cerró la puerta, entró y miró la madera y los materiales. Parecía un desastre, como su vida, pero por primera vez desde su accidente, tenía un destello de esperanza y creía que todo se resolvería.

Desafortunadamente, esa noche tendría que leer las afirmaciones positivas y escuchar sus propias palabras más que nunca porque estaba a punto de recibir malas noticias.

Capítulo 12

Sarah

Michael sabía que la gente los llamaba una pareja poderosa por Sarah. Ella era la mujer más fuerte y positiva que él había conocido, y mantenía a su familia unida. Se conocieron en una llamada de ventas hace años y para Michael fue amor a primera vista. A Sarah le tomó unos años sentir lo mismo. Cuando finalmente abrió su corazón, Michael, como buen vendedor, le hizo una oferta que se convirtió en la mejor venta de su vida. A lo largo de los años, mientras construían juntos una casa, un matrimonio, una familia y un negocio, la fuerza y la determinación de Sarah nunca se vieron afectados. Pero ahora, por primera vez, ella parecía tener miedo. Construir una casa no la asustaba. Dar a luz sin anestesia, *dos veces*, no la asustaba. Incluso invertir todo lo que tenían en su nuevo negocio no la asustaba. Pero desde ese día en el hospital, temía perder a Michael. Esa noche cuando llegó a casa del trabajo, parecía devastada.

No quería decírselo, pero no podía ocultar su desesperación. Michael le pidió que hablara y ella reveló que habían perdido a su cliente más importante. El contrato continuaría dos meses más, pero luego se daría por terminado.

—Sabía que no debía haberme ausentado —gritó Michael.

—No fue por tu ausencia —dijo ella, tratando de calmarlo—. Se van por nuestro servicio. No atendimos bien la cuenta. Crecimos demasiado rápido, más allá de nuestra capacidad para atender al cliente. Hablamos de esto, de que podía suceder y pasó.

—Necesito volver mañana —dijo él.

—No, ¡no lo harás! —gritó ella mientras los niños salían de sus habitaciones.

—¿Qué pasa? —preguntó su hija al mismo tiempo que su hijo empezaba a llorar.

—Necesito pensar —dijo Michael, entró a su oficina y cerró la puerta. Cayó al suelo, acostado de espaldas. La primera imagen que vio fue un cartel de *cerrado* en la puerta de su oficina y un cartel de *ejecución hipotecaria* en su jardín delantero. Este era su cliente más importante. ¿Cómo podrían sobrevivir sin ellos? No tenía respuesta. Por primera vez en su vida, no tenía una solución. Empezó a llorar. Sabía que no era lo suficientemente fuerte para superar esto solo. Necesitaba una fuente diferente de fuerza: «¿Qué hago ahora? —gritó y miró al techo—. ¡Ayúdame! Por favor, dame fuerzas».

En ese momento, una sensación de paz lo invadió, y las ideas comenzaron a inundar su mente. Sintió que todo sucede por una razón y que de esto saldrían cosas buenas. Comenzó a hablarse, recordó las palabras alentadoras que solía decir su hermano mayor George. George había conocido a una conductora de autobús que cambió su vida, y de vez en cuando llamaba a Michael para compartir mensajes positivos. Michael miró las afirmaciones positivas que estaban en su escritorio y se recompuso. Unos 10 minutos después se acercó a Sarah y dijo: «Nuestro propósito es mayor que nuestros desafíos. Esto sucedió por una razón. Nos hará mejores y más fuertes. Dependimos de este gran cliente durante mucho tiempo. Necesitamos encontrar más clientes para diversificar nuestro negocio y repartir nuestro riesgo. Empezaremos mañana cuando vuelva a la oficina». Sarah lo escuchaba sorprendida.

—Estoy de acuerdo en todo, excepto cuando dices que vuelves mañana —dijo Sarah tan convencida que Michael sabía que iba a ser difícil convencerla—. Prefiero perder el negocio que perderte a ti. Puedes volver en una semana. Una semana más para descansar y recargarte de energía, luego puedes regresar. Todavía tenemos dos meses más antes de que termine el contrato. Puedo trabajar en mejorar el servicio al cliente de inmediato y hablar con nuestro equipo de ventas. Cuando vuelvas, puedes enfocarte en conseguir algunos clientes para mantenernos a flote. Tendrás tiempo de sobra.

—Está bien —dijo Michael tímidamente. No estaba de acuerdo, pero pensó que podría aguantar una semana más. Se sintió aliviado de que solo le pidiera una semana y no un mes.

—Solo con una condición —dijo Sarah—. Tienes que ver al médico primero y hacerte algunos análisis antes de volver. ¿Trato?

—Trato —dijo Michael, sabía que una experta en tecnología lo estaba superando en ventas—. Incluso iré al dentista y me haré un tratamiento de conducto si eso significa que puedo empezar a vender de nuevo—. Nada lo detendría para volver a trabajar. Mientras tanto, buscaría posibles clientes con los que podría cerrar tratos rápidamente. Su familia, su negocio y su futuro dependían de ello.

47
Sarah

Capítulo 13

Caos

Michael y Sarah corrían de un lado al otro e intentaban que los niños se terminaran de preparar para ir a la escuela cuando sonó el timbre. Sarah abrió la puerta y encontró al carpintero parado allí, con su caja de herramientas en una mano y un corazón de madera hecho a mano en la otra.

—Hola, soy J. Emmanuel —saludó alegremente y le entregó a Sarah el corazón para poder estrechar su mano—. Hice esto para tu familia.

—¡Gracias! Qué hermoso regalo —respondió ella esforzándose para mantener la calma en medio del caos matutino—. Pero debería ser yo quien te dé un regalo. Salvaste la vida de mi esposo. No encuentro palabras para agradecerte.

—Fue un placer. Me alegra empezar a construir algo grande juntos. ¿Te importa si empiezo? Quería comenzar temprano ya que hay mucho que hacer hoy.

—Perfecto, sí. Adelante —dijo Sarah mientras caminaban hacia la sala de estar. Michael salió de las habitaciones de los niños con ropa en una mano y una mochila en la otra.

—Hola, J. Qué bueno verte —dijo, sin ser del todo sincero—. Llegaste muy temprano.

—Sí, ya sé. Pero quería empezar temprano. Vendré más tarde a partir de ahora, pero hay mucho que hacer hoy.

—Está bien, lo que sea necesario —respondió Michael, aliviado de que J. no llegaría tan temprano todos los días—. Tenemos que asegurarnos de que los niños estén listos para la escuela, haz lo que necesites. Si quieres hay agua en el refrigerador. Yo vendré pronto.

Durante los siguientes 20 minutos, Michael y Sarah corrían de un lado al otro para intentar que los niños estuvieran listos para salir a tiempo y no perdieran el autobús. Ellos y los niños saludaban cada vez que pasaban por la sala de estar, donde el carpintero sonreía y devolvía el saludo. Una vez que los niños subieron al autobús, Antes de irse a trabajar, Sarah agradeció nuevamente al carpintero por salvar la vida de Michael. Michael se desplomó en el sofá de la sala de estar y respiró profundamente.

—Ahora entiendo por qué te desmayaste cuando fuiste a correr —dijo el carpintero, entre risas, pero un poco serio.

—¡Ni que lo digas! Y eso no es ni la mitad —dijo Michael antes de empezar a contarle sobre la pérdida de su cliente más importante—. Siento como si estuviera en un tren fuera de control dirigiéndose hacia un precipicio y no hay nada que pueda hacer para detenerlo. No sé si estoy subiendo o bajando.

—Entiendo —dijo el carpintero—. Pero no estás solo. Muchas personas se sienten de la misma manera. Están abrumadas con desafíos y estrés, incapaces de pensar con claridad. Es como la nueva plaga de nuestros días. Aquellos que lo gestionan prosperarán. Aquellos que no, se perderán.

—Definitivamente estoy en camino a perderme —dijo Michael, dándose cuenta de que se estaba escuchando en lugar de hablarse.

—No tiene que ser así —dijo el carpintero—. Hay otra forma, o si quieres saber qué es yo lo llamo *El Camino*.

—Por supuesto —dijo Michael—. Definitivamente mi forma no está funcionando.

Capítulo 14

La estrategia más poderosa para el éxito

—Déjame contarte sobre *El camino* —dijo el carpintero—. Pero primero, debo explicarte qué se interpone en el camino: *el miedo*. El origen de la ansiedad y el estrés es el miedo. El estrés que experimentas en el trabajo y en casa está impulsado por el miedo. Cuando comenzaste, probablemente tenías problemas de autoestima y miedos: miedo de no ser lo suficientemente bueno, inteligente o afortunado para tener éxito. Este miedo te empujó a trabajar duro y superar tus demonios, y así lograste un poco de éxito, ¿verdad?

—Sí —asintió Michael.

—Pero con el éxito, surgieron más miedos. La gente piensa que el éxito reduce el miedo, pero a menudo lo aumenta. No quieres perder lo que has construido. Te sientes observado por más personas y eso aumenta la presión. Sientes que tienes más que demostrar y más que perder. Cuanto más alto subes, mayor es la caída si fallas. Este miedo al fracaso a menudo se convierte en una profecía autocumplida. Por eso siempre les decía a mis hijos que *no tengan miedo*, porque sabía que los alejaría de su destino. ¿Coincides? —preguntó J.

—Sí —dijo Michael—. Con todo —. Su autoestima nunca había estado tan baja y su miedo nunca había sido mayor—. Es como si leyeras mi mente.

El carpintero recogió el corazón de madera y se lo mostró a Michael: «Colapsaste no por un problema cardíaco, sino por el miedo en tu corazón. La buena noticia es que hay una respuesta, y es la medicina más poderosa del mundo».

—*El camino* comienza con el amor, que es el antídoto contra el miedo, la ansiedad y el estrés —dijo. Luego se detuvo, pensó por un momento y continuó—. No temas al fracaso. No temas perder clientes. No temas no ser exitoso. En cambio, haz todo con amor. Esto ahuyentará el miedo, reducirá el estrés y traerá más éxito del que puedas imaginar.

—Es más fácil decirlo que hacerlo —dijo Michael—. Mi miedo ronda a mi alrededor, se aferra como un pitbull y no me suelta.

—Lo sé —dijo el carpintero—. Pero por eso lo llamo *El camino*. Es la forma de vivir cada momento y cada día al máximo. Es evitar que las fuerzas negativas te saboteen. Cuanto más te concentres en el amor en cada momento y cada día, más desaparecerá el miedo.

»Piensa en un artesano que comenzó un nuevo trabajo. El artesano no piensa en el fracaso, sino que se concentra en construir con amor. Porque ama su trabajo, el miedo pierde su poder. Esto le permite hacer lo mejor y crear con todo el amor del universo.

»Pensabas que eras un artesano, ¿verdad, Michael? —preguntó el carpintero.

—Sí. Cuando describiste a un artesano, me dije «ese soy yo». Trabajo más duro que cualquiera que conozco. Siempre trato de mejorar. Persigo la excelencia en todo lo que hago. Pero...

—Pero —interrumpió el carpintero y completó su oración—, te falta el amor con el que el artesano crea. No puedes ser un artesano a menos que pongas amor en tu trabajo. Si no construyes con amor, no valdrá la pena. Como artista, debes estar impulsado por el amor. Solo entonces crearás algo especial, magnífico y cautivador. Solo a través del amor crearás una obra maestra.

Michael sabía que tenía razón. Él construía con miedo y eso casi le costó la vida.

—Si construyes tu vida y empresa con miedo —continuó el carpintero—, no valdrá la pena construir. Al final, te darás cuenta de que no disfrutaste nada. Nunca será lo que podría haber sido, y probablemente estarás agotado antes de terminar. Incluso si terminas, cualquier cosa construida con miedo eventualmente se desmoronará.

—Como yo, que colapsé —dijo Michael.

—Exactamente. Recuerda, el miedo agota. El amor sostiene. El miedo es a corto plazo. El amor es a largo plazo. El miedo parece fuerte, pero es débil. El amor parece débil, pero es fuerte. El amor es el camino.

El carpintero luego sostuvo el corazón de madera contra el suyo antes de entregárselo a Michael, quien preguntó: «¿Cómo hago para que *El camino* sea mi camino?».

—Es simple —dijo el carpintero—. En lo que respecta a tu negocio, concéntrate en el amor de construirlo en lugar del miedo de perderlo. No dejes que el miedo sabotee tus sueños. Tienes solo una vida para vivir, así que llénala de amor, no de miedo. Cuando construyes tu negocio con amor, crecerá. Cuando amas tu trabajo, harás un gran trabajo. Fuiste creado con amor, eres amado y estás destinado a compartir este amor en todo lo que haces. ¡Construye todo con amor! La grandeza se construye con amor.

Luego, el carpintero caminó hacia las habitaciones de los hijos de Michael, giró y sonrió: «Y cuando ayudes a tus hijos a prepararse para ir a la escuela por la mañana, ama el tiempo que compartes con ellos en lugar de temer que no alcanzarán al autobús. Todos serán mucho más felices» dijo con risas.

—¡Tienes razón! —exclamó Michael. Sabía que esa era la verdad que necesitaba escuchar—. ¿Pero qué pasa con todos los obstáculos y pequeñas cosas molestas que se interponen en el camino? Como los cordones de los zapatos, los resúmenes de libros y perder a tu cliente más importante? —dijo sarcásticamente.

—Son como perros que ladran, inofensivos ante el amor —respondió el carpintero—. Todas esas cosas son oportunidades para elegir cómo quieres vivir. En cada momento, ¿elegirás el miedo o al amor? Elige al amor y:

«Ama la lucha porque te hace apreciar tus logros.

Ama los desafíos porque te hacen más fuerte.

Ama la competencia porque te hace mejor.

Ama a las personas negativas porque te hacen más positivo.

Ama a aquellos que te han lastimado porque te enseñan sobre el perdón.
Ama al miedo porque te hace valiente».

»El secreto de la vida y la estrategia más poderosa para el éxito es amar todo y no temer nada.

Capítulo 15

El amor es un compromiso

 Esa noche, Michael se sentó en su oficina. Recordó las palabras del carpintero y su visita a la tienda. Se dio cuenta de que la gente se sentía atraída por J. no solo por sus habilidades, sino porque amaba su trabajo y ese amor era evidente en todo lo que hacía.

Michael nunca había considerado el amor como una estrategia, pero ahora veía que faltaba en su trabajo y su negocio. Cuando amas algo, ese amor se refleja en todo lo que haces y creas. Michael ya sabía esto, pero lo había olvidado debido al estrés, la ansiedad y el miedo, que lo hacían preocuparse por los resultados en lugar de disfrutar el viaje.

Tomó un libro que Sarah le había dado después de su hospitalización. En el libro se analizaba cómo la ansiedad y el estrés son los enemigos del liderazgo, el trabajo en equipo, el servicio al cliente y las carreras. Se explicaba que el estrés activa la parte reptiliana de nuestro cerebro. Esto es importante porque los reptiles no toman las decisiones basados en el amor. Solo se enfocan en sobrevivir. Los reptiles toman decisiones basadas en el miedo y la supervivencia, y los humanos cuando están estresados también. Amar a los demás es lo último en lo que pensamos cuando estamos estresados; solo tratamos de pasar el día. También, en el libro se menciona otra parte del cerebro, la neocorteza, según el autor, la parte de nuestro cerebro que representa al *perro positivo* (por la naturaleza cariñosa de los perros), que activamos cuando amamos, cuidamos, rezamos y practicamos la gratitud. Podemos elegir anular el cerebro reptiliano con el *perro positivo*. Podemos elegir amar a las personas, en lugar de ignorarlas. Podemos hacer las cosas con intención y no por reacción. También, podemos respirar profundo, enfocarnos en el amor, en la gratitud y desacelerar, hacer las cosas con intención y abordar el día con amor y gratitud.

«Por eso el carpintero dijo que hiciéramos todo con amor y gratitud» —pensó Michael, y miró a Matt, el perro de la familia que estaba acostado a sus pies. Pensó que era gracioso que el nombre del perro sea Matt, pero así es como lo habían nombrado en el refugio. Desde que lo llevaron a su casa, les demostraba mucho amor. Era el primero en saludar a Michael cuando entraba a la casa, estaba con él en la oficina y disfrutaba de sus paseos juntos. Sin embargo, mientras leía este libro, se dio cuenta de que a menudo ignoraba a Matt. Muchas veces, quiso parar para acariciarle la barriga, pero su cerebro reptiliano le insistía en seguir adelante, en apresurarse, en desayunar e ignorar al perro. Los ojos amorosos de Matt parecían decir: «Ámame; te beneficiará más a ti que a mí», pero Michael a menudo lo ignoraba y se sentía triste por ello.

La vida de Michael se basaba en el miedo, no en el amor. Sabía que necesitaba cambiar y decidió comenzar de inmediato. Se sentó en el suelo y acarició la barriga de Matt. Se dio cuenta de que el amor no es solo un sentimiento;

El carpintero

es un compromiso. No siempre te sientes capaz de amar, especialmente cuando estás estresado por la familia o el trabajo. Amar a los demás no siempre es conveniente o cómodo. Elegir amar significa comprometerse a hacerlo sin tener en cuenta cómo te sientes en ese momento y las circunstancias.

Michael continuó acariciando a Matt, decidió que no volvería a ignorarlo. Ya no dejaría que la ansiedad, el estrés y el miedo le impidieran amar a aquellos con los que estaba comprometido. Elegiría el amor sobre el miedo y haría todo con amor. Mejoraría el trato con su equipo y ayudaría a su empresa a cuidar mejor a sus clientes. El carpintero lo llamaba *El camino*, y Michael decidió que sería la forma en que lideraría su empresa y se acercaría a sus clientes. El amor no solo sería una gran estrategia de éxito para él como líder, sino también para su empresa, especialmente en ventas y servicio al cliente. Ahora, solo tenía que descubrir cómo poner el amor en práctica para retener a sus clientes y atraer nuevos.

Capítulo 16

Las personas son más importantes que los muebles

 A la mañana siguiente, la casa estaba tranquila. Sarah y los niños se habían ido. Michael solo escuchaba la cortadora de césped de un vecino y al carpintero que tomaba medidas de la madera. Michael compartió sus pensamientos sobre el amor como un compromiso, y J. añadió apasionadamente que también era una inversión. «Cuando amas a alguien o algo, inviertes tiempo en ello. Amo todo lo que hago, así que pongo todo mi amor ahí. Es lo mismo con las relaciones. Estamos destinados a amar a los demás invirtiendo en ellos. Desafortunadamente, en el mundo de hoy, muchas personas invierten más en cosas que en relaciones. Aunque soy carpintero, sé que las personas son más importantes que los muebles», dijo mientras medía otra pieza de madera.

Michael sonrió, pero se dio cuenta de que era culpable de no invertir lo suficiente en sus relaciones. En casa, lo hacía mejor que en el trabajo, pero aún se quedaba corto. Se dio cuenta que necesitaba mejorar mucho con el equipo de baloncesto de su hija.

—Le digo a todos los que quieran escucharme, que si bien la gente me conoce por compartir estrategias de éxito, lograr un éxito real no significa tener dinero o posesiones —continúo el carpintero—. Se trata de personas, compromiso, lealtad y relaciones. Al final, no seremos medidos por nuestras cuentas bancarias, números de ventas, victorias y derrotas, o el tamaño de nuestra empresa, sino por la diferencia que hicimos en la vida de las personas a través de las relaciones. Por eso, no te obsesiones tanto con ganar dinero y triunfar ya que no lograrás marcar una diferencia y construir relaciones significativas.

Michael escuchó y solo pudo decir: «Lo sé. Sí, lo sé». Se dio cuenta de que se enfocaba más en construir su negocio que en sus relaciones. Veía a cada cliente como una oportunidad para construir su negocio en lugar de relaciones sólidas como solía hacer en su antiguo trabajo de ventas.

El carpintero entendió la mentalidad de Michael. Había trabajado con muchos clientes como él y notó que cuanto más exitoso se volvía alguien, más sufrían sus relaciones. Todos estaban tan ocupados ganando dinero que olvidaban que la vida se trata de personas, no de cosas. El carpintero sabía lo que Michael necesitaba escuchar, por eso dijo: «Invierte en relaciones, no porque quieras algo, sino porque quieres construir algo. Cuando te enfocas en hacer una diferencia y construir relaciones, el éxito te encontrará».

—Quiero que esto sea una prioridad con mi equipo cuando vuelva a trabajar —dijo Michael.

—Genial. Si quieres construir tu empresa, debes construir a tu gente. Invierte en ellos, fortalécelos y amarán venir a trabajar. Tendrán un rendimiento más alto. Si los haces crecer como personas, harán crecer tu empresa.

»También funciona con los clientes. Si quieres construir tu empresa, debes querer a tus clientes e invertir tiempo para relacionarte con ellos. Cuando cuidas a tus clientes, se multiplicarán —dijo el carpintero, mientras se acercaba a una planta cerca de la ventana—. Todo crece con amor.

»Funciona con más poder con las familias —continuó—. Si quieres construir tu familia, debes invertir tiempo en tu matrimonio y en tus hijos. A medida que tu éxito crece, recuerda no ignorar a los que están más cerca de ti. Nadie hace esto a propósito, pero cuanto más ocupados estamos, más nuestras prioridades se modifican. Pasamos menos tiempo y nos comunicamos menos con los que llorarán en nuestro funeral. Antes de darnos cuenta, miramos a nuestro alrededor y nos sentimos solos y vacíos. Asegúrate de identificar continuamente las relaciones en tu vida que necesitan ser más fuertes, enfócate en ellas, haz tiempo, desarróllalas e invierte en ellas. Si invertimos en nuestras relaciones y pasamos tiempo de calidad con la familia, los amigos y los colegas, mejoraremos drásticamente la calidad de nuestra vida y carrera. Realmente creo que somos quienes somos porque alguien nos amó. Tu equipo y tu familia se convertirán en su mejor versión porque tú los amas.

Las personas son más importantes que los muebles

La segunda estrategia más poderosa para el éxito

 —¿Cómo pongo en práctica el amor? ¿Cuál es la mejor manera de demostrar que estoy comprometido e involucrado? —preguntó Michael. Pensó en esta pregunta toda la noche.

—La respuesta a tu pregunta —dijo el carpintero—, es la próxima estrategia de éxito que quiero compartir contigo. Pero antes de hacerlo, ¿puedes traerme un vaso con agua? Tengo mucha sed —Michael corrió a la cocina, sirvió un vaso con agua y se lo llevó. El carpintero lo bebió de un solo trago y luego le pidió a Michael que le trajera un burrito de camarones de su lugar favorito—. Hoy olvidé mi almuerzo y tendré muchas ganas de comer al mediodía. Trabajo mucho mejor con el estómago lleno y contento, y mi estómago está más contento con burritos de camarones —dijo.

A Michael le pareció un poco extraño el pedido ya que aún era temprano, pero fue a la tienda de burritos, compró varios para compartir con el carpintero. Estuvo parado en el tráfico un rato debido a un coche que bloqueaba la carretera.

Cuando finalmente llegó a su casa, el carpintero estaba en el patio trasero cortando madera para el centro de entretenimiento. Tan pronto como Michael salió, el carpintero le pidió: «¿Puedes agarrar ese pedazo de madera de allí?». Michael le alcanzó la madera y J. le pidió que la coloque encima de las otras piezas. Después de cortar las piezas, el carpintero le dijo a Michael que lo ayudara a lijar la superficie de cada pieza de madera. Luego, que le alcanzara el destornillador y los tornillos. Cuando terminaron J. pidió otro vaso con agua. Cuando regresó con el agua, el carpintero dijo: «Ahora bébela tú».

—Ok —dijo Michael y tomó un sorbo —Pero ¿por qué me pediste que te lo trajera a ti entonces?

—Porque quería demostrarte la segunda estrategia más poderosa —respondió—. Hasta ahora, he compartido varias de mis estrategias de éxito favoritas. El amor, por supuesto, siendo la más importante. El amor nos lleva a la segunda estrategia más importante, que es *ayudar*. Toda la mañana, me ayudaste sin pensarlo. No cuestionaste cuando te volví a pedir agua. Querías ayudar. No estabas pensando en ti. Estabas pensando en mí y mi trabajo. Me ayudaste desde el corazón.

Luego, entraron y el carpintero agarró el corazón de madera que había hecho. Talló la palabra *amor* y después *ayudar* debajo: «Porque amamos, ayudamos. Y cuando ayudamos a otros, llenamos su vaso con amor y el nuestro también».

Michael pensó en las palabras del carpintero y en sus propias experiencias: «Pero ayudar es agotador» dijo al pensar en cómo se había sentido los últimos meses al intentar ayudar a su familia, empleados, clientes y al equipo de baloncesto de su hija.

—Se vuelve agotador si ayudas por miedo —respondió el carpintero—. Pero si ayudas con amor, te llenas de energía. La gente cree que se cansará si ayuda demasiado, pero así no funciona. Cuando ayudas con amor y renuevas a otros, tú también te renovarás.

Michael tomó otro sorbo de agua y se dio cuenta de que el agua que había traído para J. ahora lo estaba refrescando a él.

—No dejes que el miedo a cansarte te detenga de ayudar a los demás —continuó el carpintero—. Y no dejes que el miedo, la ansiedad y el estrés te impidan ayudar con amor. Muchos líderes se vuelven egoístas debido al miedo. Intentan acumular poder protegiéndose y ayudándose. Pero los verdaderos líderes se vuelven poderosos al ayudar a otros y al compartir su poder con amor. ¡Solo si ayudas puedes volverte verdaderamente grande! ¿Sabes por qué es eso? —preguntó J. y le entregó a Michael el corazón de madera.

—No estoy seguro —dijo Michael al recordar los veranos de secundaria y en la universidad como salvavidas. El jefe de los salvavidas llamaba a su trabajo un acto de servicio, pero Michael no le había dado importancia en ese momento.

—Déjame preguntarte otra cosa. Nombra algunos de los líderes más grandes de la historia. ¿A quién admiramos más?

Michael pensó por unos segundos y dijo algunos nombres: «Gandhi, Martin Luther King, Jr., Jesús, Abraham Lincoln, George Washington».

—Buena lista —dijo el carpintero—. ¿Y por qué honramos a quienes sirvieron en nuestro ejército en el Día de los Veteranos y el Día de los Caídos?

—Porque sirvieron y se sacrificaron —dijo Michael mientras miraba el corazón de madera y recordaba cuando salvó a una mujer mayor de ahogarse en una fuerte corriente durante su primer año de salvavidas.

—¡Sí! —exclamó el carpintero—. Cuando amas, ayudas, y cuando ayudas, sacrificas. El servicio requiere que sacrifiques algo: tiempo, energía, dinero, amor, esfuerzo o enfoque. Ayudar a otros siempre te costará algo, pero con la ayuda y el sacrificio, ganas mucho más. Admiramos a quienes ayudan y se sacrifican por nosotros, y otros nos admiran por nuestra ayuda y sacrificio. No hay nada más poderoso que el amor sacrificial. Nada dice «te amo» más que hacerle saber a alguien que estás dispuesto a ayudar y sacrificar por ellos. Cuando amas y ayudas a los demás, te vuelves grande ante su mirada. Sabrán que los amas y ellos te amarán también. Te respetarán y honrarán. Confiarán en ti. Les contarán a los demás sobre ti. Ayudar lleva al verdadero éxito.

—Tampoco puedes fingirlo —dijo Michael mientras recordaba a un jefe que pretendía amar y ayudar, pero todos sabían que era mentira.

—No, no puedes fingirlo. No puedes pretender ayudar para ganar poder. Algunos lo intentan, pero no dura mucho tiempo. Sabemos quién entraría en un edificio en llamas para salvarnos. La verdad brilla. Los que ayudan para ganar poder no duran mucho. Los que ayudan y entregan su poder reciben poder de las personas que ayudaron. Por eso, cuando ayudas con pequeñas acciones, se presentan más oportunidades para ayudar en situaciones más grandes. Además, cuando empiezas a ayudar a unos pocos, al final ayudas a muchos.

»El líder más grande que el mundo haya conocido no fue un dictador. Fue un servidor que vino a servir y lavar pies. Por eso honramos a Martin Luther King, Jr. y a Gandhi. Dieron sus vidas por una causa superior a ellos. Su sacrificio fue nuestra ganancia. Nos convertimos en mejores personas en un mundo mejor gracias a ellos. No amamos y admiramos al tirano, al orgulloso o al arrogante. Amamos y honramos al humilde servidor que nos ama y nos ayuda a mejorar.

»Recuerda, tu grandeza como líder no se determinará por cuánto poder acumules. Sino por tu ayuda y sacrificios por otros para ayudarlos a ser grandes. Los grandes líderes no tienen éxito porque son importantes. Tienen éxito porque sacan la grandeza de los demás. Creo que necesitas de tu ego para aspirar a la grandeza, pero, irónicamente, para lograrlo debes renunciar a tu ego y ayudar a los demás. Para convertirte en un gran líder, debes ser un líder servicial. Solo a través del servicio y del sacrificio te vuelves grande. Debes ayudar para liderar.

—¿Cómo me convierto en un líder servicial? —preguntó Michael, abrumado por los pensamientos.

—Es simple —dijo el carpintero—. Cuando vuelvas a trabajar, busca oportunidades para ayudar a otros como me ayudaste hoy. Ayuda a tu equipo. Pregunta a tus empleados qué necesitan y ayúdalos. Anticipa sus necesidades y ayúdalos antes de que sepan que lo necesitan. Pregunta a tus clientes qué necesitan de ti para ser los mejores. Anticipa y ayúdalos también. Los mejores vendedores tienen éxito porque quieren y ayudan a sus clientes. Enseña a tu equipo a ayudarse mutuamente. Los grandes compañeros de equipo ayudan al equipo más que a sí mismos. Cuando un equipo está más comprometido en ayudarse entre sí en lugar de considerar sus propios deseos egoístas, se vuelven poderosos y logran cosas increíbles.

Michael respiró profundamente mientras leía las palabras en el corazón de madera. No podía discutir con el carpintero. Así como las palabras estaban talladas en la madera, su verdad estaba siendo grabada en su propio corazón. El amor era un compromiso y una inversión, y necesitaba hacer un mejor trabajo ayudando a otros más que a sí mismo. Creía que ayudaba, pero ahora se daba cuenta de que solo lideraba con miedo, lo cual lo agotaba. Ahora sabía que ayudar con amor era lo que necesitaba para sostenerse, y a su empresa. Había salvado vidas como salvavidas, y ahora necesitaba salvar su vida y su empresa con el mismo enfoque de ayuda y sacrificio.

—Sabes, hay una estrategia más para añadir al corazón —dijo el carpintero y señaló el lugar debajo de las palabras *amor* y *ayudar*—. Es la tercera estrategia más poderosa para el éxito y completa el modelo de éxito más grande, simple y poderoso.

—¿Cuál es? —preguntó Michael, con el deseo de obtener más ideas y estrategias prácticas para implementar cuando volviera a trabajar.

—Te la contaré mañana. Es importante aprender lentamente cada una de estas tres estrategias y pensar en cómo las implementarás. Además, ahora mismo me encantaría comer un burrito.

Era mediodía y el carpintero tenía hambre.

Capítulo 18

El sándwich

 Después de un día productivo de medir, cortar, lijar y construir, el carpintero fue a la tienda de burritos para reunirse con posibles clientes. Mientras tanto, Michael llevó a su hija a la práctica de baloncesto. Sarah le había dicho que podía ayudar a los otros entrenadores, pero no podía dirigir la práctica ni gritar.

En el camino, Michael pensó sobre su primer y mejor entrenador, su madre. Recordó cuando la visitó hace siete años y el paseo que dieron juntos. Ella solía caminar kilómetros todos los días, pero ese día parecía muy cansada. Michael sugirió volver a la casa, pero ella insistió en caminar hasta el almacén para comprar los ingredientes para un sándwich que quería hacerle para su viaje de cinco horas de regreso a casa. Llegaron al almacén, pero de regreso a su casa se cansaba cada vez más. Ya en su casa, Michael le dijo que descansara, pero ella no quería, fue directamente a la cocina y le hizo un sándwich.

Mientras él manejaba, se comió el sándwich, pero no le dio mucha importancia en ese momento. Ahora, siete años después, lo veía de manera diferente. Ese día su madre estaba muriendo de cáncer, pero no le había contado lo mal que estaba. Esa fue la última vez que la vio con vida. A pesar de su condición, su prioridad era hacerle un sándwich.

Ella no solo lo animó a ser su mejor versión, sino que también modeló el acto supremo de amor y ayuda. Lo puso a él primero cuando debería haberse priorizado a sí misma. Sabía que ella correría a un edificio en llamas para salvarlo. Ella era la razón por la que él correría al océano para salvar a una mujer mayor en la playa, fue una gran entrenadora que le enseñó a amar y ayudar. Mientras miraba por la ventana y pensaba en el sándwich, se dio cuenta de que ayudar no siempre se trata de grandes sacrificios. Se trata de hacer pequeñas cosas cada día para demostrar amor y que el otro te importa. Se trata de pequeños actos con un gran corazón.

Esa noche en la práctica, Michael se concentró en querer y ayudar a las compañeras de equipo de su hija. Su objetivo era ayudarlas a mejorar. Dejó de pensar en ganar y se centró en fortalecer a cada niña con palabras positivas y consejos sencillos.

No gritó ni una vez, e incluso su hija comentó que fue la mejor práctica del año. Comenzó a entender *El camino*. Ahora, solo tenía que averiguar cómo aplicar esto a su empresa que estaba al borde del colapso y necesitaba a alguien que la salvara.

Capítulo 19

La tercera estrategia más poderosa para el éxito

 Al día siguiente, el carpintero llegó después de que Sarah y los niños ya no estaban. Comenzó a construir el centro de entretenimiento con Michael. Estaban construyendo la parte de atrás, y por supuesto, con la mejor madera disponible. Durante un descanso, J. talló la palabra *cuidar* debajo de *ayudar* en el corazón y se lo mostró a Michael.

—Esta es la tercera estrategia más poderosa para el éxito —dijo con pasión—. Cuando cuidas tu trabajo y le demuestras a las personas que te importan, destacas en un mundo donde la mayoría no lo hace. ¡Cuidar lleva al éxito!

—Si hay algo que sé de mí mismo —dijo Michael—, es que cuido mucho todo.

—Y se nota —dijo el carpintero—. El hecho de que cuides tanto todo es la razón por la que quiero compartir contigo estas estrategias. Tu cuidado atrae a la gente hacia ti. Todos quieren trabajar y ayudar a aquellos que se preocupan. Preguntaste por qué la gente quería hablar conmigo en la tienda;

es porque soy un artesano con una actitud positiva que ama, ayuda y cuida.

»Para tener éxito, debes mostrar que te importa tu trabajo. Cuido lo que construyo y la gente lo puede ver en mi trabajo. Por eso la gente me contrata, incluso cuando no puedo devolverles la llamada. Saben que me importa mi trabajo, que lo cuido y es la mejor estrategia de *marketing* —añadió. Michael sonrió. Admitió que el carpintero era un mejor vendedor de lo que había pensado.

—El mundo sabe cuándo a alguien le importa, ¿verdad? —preguntó Michael. Se dio cuenta de que Social Connect había perdido a su cliente más importante porque crecieron demasiado rápido y lo descuidaron.

—Absolutamente. Las personas se acercarán a los que se preocupan, compararán productos hechos con esmero y apoyarán negocios comprometidos. Por ejemplo, mi tienda de burritos favorita hace cada burrito con cuidado. Si dejan de preocuparse, encontraré otro lugar.

—Sé a lo que te refieres —dijo Michael—. Mi esposa dejó de ir a un salón de belleza popular porque no la cuidaron. Empezaron a tener éxito y a ser más comercial, no se preocupaban tanto. Ahora está buscando otro lugar que sí lo haga.

—Cuando te importa, lo demuestras en todo lo que haces —dijo el carpintero. Cuidas cada detalle, el diseño, el material, los ingredientes, cómo se siente cada miembro del equipo y cada cliente. Cuidar lleva a un gran éxito. Nos convertimos en artesanos y artesanas que siempre buscan mejorar.

Michael y el carpintero compartieron historias de negocios que entendían el poder de *cuidar*, como un supermercado donde los empleados te ayudan a encontrar artículos, un negocio de neumáticos donde los empleados saludan a los clientes de inmediato, una empresa que ofrece envío y devoluciones gratis, y una aerolínea que cuida mucho a sus empleados y clientes. Michael mencionó a Fitz, quien le vende trajes y deja notas alentadoras en los bolsillos. «Las notas de Fitz me alegran el día. Me cuida y no compraría mi ropa en otro lugar».

—Fitz entiende *El camino* —respondió el carpintero—, y demuestra que se preocupa de una manera única. Las personas y empresas exitosas encuentran formas únicas de demostrar que se preocupan y lo hacen un hábito.

Michael y el carpintero hablaron sobre cómo la actitud de cuidar diferencia a los profesionales. Los mejores equipos deportivos tienen jugadores que se cuidan entre sí. Sus maestros y entrenadores favoritos eran aquellos que se preocupaban. Un médico y una enfermera que cuidaron a Michael hicieron la diferencia en el hospital. Estuvieron de acuerdo en que los que se preocupan y cuidan hacen que los demás se sientan importantes.

—Las grandes organizaciones que se preocupan están formadas por personas que cuidan, y comienza contigo —agregó J.—. No porque seas el líder, sino porque una persona que se preocupa inspira a otros a preocuparse. Cualquiera puede ser un CCO: «director del cuidado».

—Creo que fui el CCO en mi último trabajo —Michael se rio—. No era el mejor vendedor técnicamente, pero gané premios porque me importaban mis clientes y me aseguraba de que obtuvieran lo que querían. No intentaba venderles cosas que no necesitaban. Los cuidaba.

77

—¿Los demás siguieron tu ejemplo? —preguntó el carpintero.

—Sí, y nos convertimos en un equipo más exitoso porque mi empatía contagió a los demás.

—Ese es el secreto para construir un gran equipo y una organización —dijo el carpintero—. Cuando te importa, inspiras a otros. Rodéate de personas que se preocupan y toman medidas para demostrarlo. Escribe una nota, haz una llamada, ve más allá de lo esperado. La gente sabe que te importa cuando los cuidas. Una sonrisa, una palabra alentadora, cinco minutos de tu tiempo, resolver los problemas de los clientes, escuchar a los empleados, ayudar a un miembro del equipo, estos pequeños gestos pueden hacer una gran diferencia.

»Cuando desarrollas una reputación por cuidar y preocuparte, la gente espera más de ti, y debes seguir cumpliendo. Con cada acto de cuidado dices: «Estoy aquí para amarte y ayudarte» y esto atrae más amor. La gente hablará de ti, te recomendará y compartirá historias sobre ti. Cuidar es la estrategia más poderosa para el éxito. Las personas lo complican, pero es simple:

Cuida el trabajo que haces.

Rodéate de personas que se preocupan.

Muéstrale a tu equipo que te importa.

Construye un equipo que se cuide entre sí.

Junto al equipo, demuestren a tus clientes que les importan

»Así es como destacas y tienes éxito.

Capítulo 20

Ama, ayuda y cuida

 El carpintero notó a Michael profundamente pensativo: «¿Qué tienes en mente?», preguntó.

—Estoy pensando en cómo aplicar todo esto cuando vuelva a trabajar.

El carpintero le mostró a Michael el corazón de madera: «Es simple: ama, ayuda y cuida. Este es el modelo de éxito más poderoso. Toma estas tres palabras y aplícalas desde tu corazón. Lidera a tu equipo con amor, ayúdalos y cuídalos. Cuando vendas, entrenes o asesores, haz lo mismo. Trabaja con tus clientes con amor, ayuda y cuidado. Implementa *El camino* de manera individual y colectiva, y tendrás éxito en todo lo que te propongas.

»Comparte este modelo con tu equipo demostrándolo. Si quieres que tu equipo ame, ámalos. Si quieres que ayuden, ayúdalos. Si quieres que cuiden, cuídalos. Si quieres que den lo mejor de sí, dales lo mejor de ti. Toma tiempo, pero los esfuerzos de hoy se convierten en el éxito de mañana.

»Anima a tu equipo a interiorizar lo que significa amar, ayudar y cuidar. No pueden ser solo palabras en un corazón de madera; deben estar presente en los corazones y mentes de todas las personas con las que trabajas. Todos pueden elegir aplicar estas tres palabras, y al hacerlo, se convierten en líderes. No todos los líderes aman, ayudan y cuidan, pero todos los que aman, ayudan y cuidan son líderes.

»Encuentra cada oportunidad para practicar este modelo y liderar a otros. Tenemos el poder de hacer una diferencia en la vida de los demás. Si vivimos y compartimos este modelo, nuestros negocios, escuelas, equipos e incluso el mundo podrán mejorar.

El carpintero sonrió, le entregó a Michael el corazón de madera y dijo: «Ya que queremos poner este modelo en práctica, ¿puedes amar, ayudar y cuidar trayéndonos unos burritos de camarones mientras tiño la madera? Nuestra obra maestra está casi terminada».

Capítulo 21

Valor

 A la mañana siguiente, mientras el carpintero terminaba su obra maestra, Michael le escribió un cheque. Decidió pagar más de lo que J. había cotizado. Para el carpintero no era solo un discurso, él aplicaba las tres palabras, *amar, ayudar* y *cuidar*, lo que lo hacía mucho más valioso. No era solo un carpintero; también era un maestro, un mentor y un entrenador que realmente se preocupaba por Michael.

Michael se dio cuenta de que cuando amas, ayudas y cuidas demuestras que valoras a los demás, lo que a su vez aumenta el valor propio. Entendió que su ausencia en el trabajo había sido beneficiosa. Necesitaba sanar para apoyar completamente a su equipo. El carpintero le había mostrado *El camino*, y Michael estaba listo para mejorar su vida, liderazgo y trabajo. Se sentía emocionado y nervioso por regresar. Tenía un modelo poderoso para compartir, pero se preguntaba si tendría el tiempo suficiente para aplicarlo antes de perder a su cliente más importante. ¿Podría conseguir más clientes? ¿Podría mejorar el servicio al cliente rápido? ¿Podría mantenerse tranquilo y saludable durante el proceso?

El carpintero se paró junto a Michael. Miraban el centro de entretenimiento. Era la artesanía más maravillosa que Michael había visto, una verdadera obra de arte. Michael esperaba aplicar las estrategias de éxito del carpintero para convertir su negocio en una obra maestra.

Cuando llegaron a la puerta principal, Michael abrazó al carpintero.

—No puedo agradecerte lo suficiente —dijo—. ¡Por todo!

—Cuéntame cómo te va cuando regreses a trabajar —respondió el carpintero—. Tienes mi número.

—Te dejaré un mensaje de voz porque sé que no contestarás el teléfono —dijo Michael y sonrió.

—No esperes que te devuelva la llamada —el carpintero comenzó a reír.

—No lo haré —dijo Michael—. Pero sabré dónde encontrarte si necesito hablar.

—Es un buen plan —. El carpintero sabía que hablarían pronto. Todos sus clientes regresaban después de aprender sus estrategias. Michael ahora tenía las mejores estrategias de éxito, que venían con un poder increíble y desafíos importantes.

»Te veré pronto —dijo J. antes de caminar hacia su próximo trabajo, donde crearía otra obra maestra.

Capítulo 22

El corazón del éxito

 Durante los siguientes días, Michael se concentró en amar, ayudar y cuidar en su hogar y en las prácticas de baloncesto de su hija. Antes de volver a trabajar, probó las estrategias que aprendió con su familia y con las niñas de nueve años del equipo. Cada mañana durante sus paseos por el parque, se decía afirmaciones positivas y recitaba las frases que le enseñó el carpintero. Su esposa notó que estaba más tranquilo mientras preparaba a los niños para ir a la escuela y apreciaba su ayuda con tareas como lavar la ropa y pasar la aspiradora.

Los niños disfrutaban de los mensajes positivos que él escribía en sus bolsas de almuerzo y en las pizarras en sus habitaciones. Michael adoptó el consejo del carpintero, entendió que las creencias y mensajes que compartimos moldean los pensamientos y creencias de nuestros hijos. En lugar de transmitir pesimismo y negatividad, eligió darles ánimo, optimismo y confianza. Su objetivo era allanar el camino para sus futuros éxitos con un sistema de creencias positivo al escribir un mensaje nuevo cada día.

El médico de Michael también notó un cambio positivo. Las pruebas médicas y análisis de sangre dieron buenos resultados y su presión arterial estaba más baja. El médico lo animó a continuar con lo que estaba haciendo, ya que claramente era beneficioso. Muy contento, Michael lo abrazó y salió de la consulta sintiéndose mejor y más fuerte.

Compartió las buenas noticias y sus aprendizajes del carpintero con Sarah. Aunque ella se sorprendió por la fuente de su sabiduría, estaba agradecida por su recuperación. Los cambios positivos en casa y su estado de salud impecable la convencieron de dejarlo volver a trabajar y retomar su papel como entrenador principal del equipo de baloncesto de su hija para el próximo partido. Ella lo vio como una buena prueba para ver cómo respondía ante el estrés.

Ese fin de semana, Michael vio los primeros resultados de implementar *El camino:* amar, servir, cuidar. El equipo de baloncesto de su hija, que anteriormente era el peor de la liga, ganó su primer partido. El entrenador del equipo contrario notó una mejora significativa en el equipo de Michael. Michael llamó a su enfoque el modelo del corazón del éxito y estaba feliz con el resultado. Ahora solo quería lograr cambios positivos similares en su negocio.

El domingo por la noche, Michael revisó los informes de servicio al cliente de la empresa en línea y se alarmó por los problemas que tenían. A pesar de los esfuerzos de Sarah, todo parecía empeorar. Ansioso por implementar el modelo del corazón del éxito con su equipo de servicio al cliente, esperaba con ansias volver a trabajar el lunes, confiado en que tendría un impacto positivo.

Capítulo 23

Fracaso

 En los deportes, puedes ver rápidamente si ciertos principios funcionan. Sabes si un líder cuenta con el apoyo de su equipo y si el equipo está unido. Esto es evidente incluso en una temporada de fútbol de 16 semanas. Sin embargo, en los negocios y organizaciones, los principios de liderazgo y construcción de equipos suelen requerir más tiempo para generar beneficios y éxito medibles. Desafortunadamente, Michael experimentó esto de primera mano, ya que su negocio no se recuperó tan rápido como el equipo de baloncesto de su hija.

El lunes, Michael convocó a todos los empleados para compartir las tres estrategias de éxito más importantes del carpintero y el modelo del corazón del éxito. Habló sobre su reciente situación de salud y su miedo a perder tanto su empresa como su vida. Sarah también compartió los desafíos de su familia y los obstáculos que enfrentó. Fueron abiertos y honestos sobre sus luchas, pero también expresaron su pasión, visión y optimismo para el futuro de Social Connect.

La reunión unió a todos en torno a la visión de Sarah y Michael. Acordaron un plan a corto plazo para adquirir más clientes y mejorar el servicio al cliente, junto con una visión a largo plazo para el crecimiento y la prosperidad. Todos sabían sus roles y estaban entusiasmados con sus tareas. Hicieron carteles con corazones de papel con las palabras *amor*, *ayudar* y *cuidar*, y los colocaron alrededor de la oficina para recordar a todos que deben superar las expectativas de los clientes.

A pesar del entusiasmo, no hubo un impacto inmediato. Pasó una semana y no pudieron conseguir un cliente nuevo. Luego, otra semana con el mismo resultado. Michael hizo numerosas llamadas sin éxito. Mantuvo una actitud positiva y abordó todo con amor, pero no tenía resultados que mostrar. Además, su servicio al cliente no mejoraba a pesar de sus mejores esfuerzos. Social Connect intentaba contratar más personal para manejar el volumen, pero otros problemas seguían sin resolverse. Era hora de que Michael visitara al carpintero.

Capítulo 24

El éxito lleva tiempo

Michael encontró al carpintero en su tienda de burritos favorita después del trabajo. El buzón de voz del carpintero dirigía a la gente allí, ya que ahora trabajaba en una casa privada como la de Michael y Sarah, donde no era posible recibir visitas de clientes. Pasaba unas horas cada día en la tienda, disfrutaba observar a la gente y hablar con desconocidos que necesitaban saber que no estaban solos. Sonreía, les abría la puerta a las personas y les ofrecía consuelo a quienes lo necesitaban. Algunos pensaban que era demasiado amable, mientras que otros asumían que trabajaba allí. Los dueños de la tienda lo apreciaban porque su presencia aumentaba su negocio. Sin embargo, este ambiente alegre no podía levantar el ánimo de Michael. Mientras comía su burrito, compartió sus recientes luchas para conseguir nuevos clientes.

—Pensé que aplicar *amar, servir, cuidar* funcionaría de inmediato, como lo hizo con el equipo de baloncesto —dijo Michael.

—Funcionará, pero lleva tiempo —sonrió el carpintero—. Estas son estrategias a largo plazo destinadas a construir una obra maestra, no algo armado rápidamente. Roma no se construyó en un día, y tampoco lo hará tu negocio. Recuerda que Sam Walton no abrió su segunda tienda hasta siete años después de iniciar su empresa. El éxito requiere perseverancia. Starbucks tardó 13 años en abrir su quinta tienda. John Wooden, uno de los mejores entrenadores, no ganó su primer título nacional hasta su 16ª temporada en UCLA. Decía: «Todas las grandes cosas llevan tiempo».

»Todo lo que valga la pena lleva tiempo para construirse. Todos queremos éxito inmediato, pero así no funciona el éxito. Si llegara instantáneamente, no desarrollaríamos el carácter necesario para mantenerlo. Las luchas, las adversidades, los triunfos y las victorias son parte del proceso, y debemos abrazarlas.

Capítulo 25

El regalo del fracaso

 —Pero estoy fracasando —dijo Michael frenéticamente—. No siento que estoy construyendo nada. Siento que todo se está desmoronando a mi alrededor.

—Todos fracasamos —respondió el carpintero—. Lo que importa es lo que hacemos después de fracasar. Algunas de las personas más exitosas de la historia han experimentado grandes fracasos, pero los convirtieron en grandes éxitos. Por ejemplo, a Walt Disney lo despidieron de un periódico por falta de ideas, y su primera empresa de dibujos animados quebró. A Lucille Ball le dijeron que no tenía talento y que debía dejar la escuela de teatro. El Dr. Seuss casi quemó el manuscrito de su primer libro después de 27 rechazos. A Steve Jobs lo echaron de Apple a los 30 años, y a Oprah Winfrey la despidieron de su trabajo como presentadora de noticias y le dijeron que no servía para la televisión.

—No sabía nada de eso —dijo Michael.

—Sí, es cierto. He trabajado en las casas de muchas personas exitosas y he visto que todos fracasan. El fracaso puede ser un regalo si no te rindes y estás dispuesto a aprender y crecer. El fracaso a menudo sirve como un momento decisivo. Prueba tu valentía, perseverancia, compromiso y dedicación. ¿Eres un impostor que se rinde ante la adversidad o un luchador que nunca deja de intentarlo y se levanta después de ser derribado?

»El fracaso te da la oportunidad de saber cuánto quieres algo realmente. ¿Te rendirás o cavarás más profundo, te comprometerás más, trabajarás más duro, aprenderás y mejorarás? Si esto es lo que realmente quieres, estarás dispuesto a fracasar repetidamente para tener éxito.

»A veces el fracaso te lleva a un mejor camino. Mi hijo fracasó en su primer trabajo después de la universidad, pero eso lo llevó a su trabajo soñado. A veces tenemos que perder un objetivo para encontrar nuestro destino. El fracaso puede mostrarnos que no queremos realmente un objetivo específico sino otra cosa.

»El fracaso construye carácter, da perspectiva, aumenta la fe y te hace apreciar el éxito más tarde. Sin el fracaso, no te convertirías en la persona que finalmente tiene éxito.

»Quiero que veas al fracaso como una prueba, un maestro, un desvío hacia un mejor resultado y un evento que construye una mejor versión de ti. El fracaso no es definitivo ni fatal. No está destinado a definirte sino a ayudarte a mejorar. Cuando ves el fracaso como una bendición en lugar de una maldición, lo conviertes en un peldaño hacia el éxito.

—Entonces, ¿qué hago ahora? —preguntó Michael.

La respuesta del carpintero no fue lo que Michael esperaba, pero fue exactamente lo que necesitaba escuchar.

Capítulo 26

Trabajo incompleto

 El carpintero pasó su mano por la mesa: «Yo construí esta mesa — dijo—. Construí cada mesa aquí y esa barandilla del bar que está allá. ¿Sabes qué tienen todas en común?».

—¿Qué? —preguntó Michael.

—Todas son imperfectas. Todos son trabajos incompletos. Sí, llamo a cada uno de mis proyectos una obra maestra, pero incluso una obra maestra tiene imperfecciones. Aspiro a la perfección, pero sé que nunca sucederá. No existe una pieza de madera perfecta, y no existe un ser humano perfecto.

»Cada lucha, desafío y fracaso nos muestra quiénes somos y cuánto nos falta por recorrer. Vemos nuestras imperfecciones y cuánto nos quedamos cortos. Nos damos cuenta de que somos obras de arte incompletas, y nuestro Creador, que nos hizo con amor, aún no ha terminado con nosotros. Una vez que entendemos esto, podemos permitirnos ser moldeados y formados en todo lo que Dios nos creó para ser. Quizás, ahora, tu plan no funciona perfectamente, pero hay un plan perfecto trabajando en ti.

»Entonces, me preguntaste qué deberías hacer ahora. Aprende de estos fracasos y deja que te mejoren como líder, persona y constructor. Eres el líder de la empresa a través de estas dificultades por una razón. Todo esto te ayudará a crecer y a convertirte en un mejor líder y, lo más importante, en una mejor persona. Ten un poco de fe, mucha valentía y sigue mejorando. Creo en ti.

Capítulo 27

Valentía

 Michael salió de la tienda de burritos con más energía que cuando llegó. Había arreglado reunirse con el carpintero de nuevo en una semana para hablar de su progreso. Mientras conducía a casa, no dejaba de pensar en la palabra *valentía*. Su amigo Erwin McManus le había dicho una vez que la valentía es la diferencia entre soñar con la vida que deseas y vivir la vida de tus sueños. Sin embargo, Michael no se sentía muy valiente. Conocía muchas historias de personas valientes que habían cambiado el mundo, pero saber que necesitaba valentía y tenerla eran cosas diferentes.

Recordó una cita de Nelson Mandela: «No me juzgues por mis éxitos, júzgame por la cantidad de veces que caí y me levanté». Michael se dio cuenta de que últimamente solo se enfocaba en el éxito, pero ahora entendía que lo más importante era recuperarse del fracaso. El futuro era incierto, su plan podría no funcionar, y podría fracasar. Pero no necesitaba enfocarse en esas posibilidades. Necesitaba enfocarse en tener la valentía de seguir adelante.

«Sé valiente», se dijo a sí mismo, apretando los puños. Antes el miedo había afectado su salud, pero no volvería a suceder. La vida era demasiado corta para no perseguir sus sueños. «La vida es muy corta para vivir con miedo», gritó a su reflejo en el espejo retrovisor. Quería ser valiente no solo para él, sino para su familia y todos los que creían en él. Quería que sus hijos lo recordaran como valiente, amoroso y cariñoso. Quería que supieran que estaba dispuesto a fracasar para tener éxito. Su legado sería uno de valentía, no de miedo y cobardía. Él y Sarah no tenían un plan B; habían decidido perseguir su sueño con total compromiso. Sus familias los criticaban, pero ellos creían que mientras todos pueden ser críticos, solo los valientes crean. Ahora, se enfrentaba a una encrucijada: dejar que el fracaso lo definiera o que lo definiera su valentía. Eligió la valentía.

Entró a su casa y fue directamente a las habitaciones de sus hijos para escribir un mensaje en sus pizarras blancas. Tal vez no lo entendieran completamente ahora, pero creía que con el tiempo sería de gran ayuda.

«Ningún desafío puede detenerte si tienes la valentía de seguir adelante frente a tus mayores miedos y desafíos. Sé valiente».

Michael luego fue a su oficina. Con toda la valentía que pudo reunir, revisó los informes de ventas y atención al cliente y comenzó a idear un plan para tener éxito.

Capítulo 28

Un rayo de esperanza

Ocurrió inesperadamente, como la mayoría de las grandes cosas. Uno de los clientes de Michael le contó a un amigo el gran éxito que su compañía tenía en ese momento gracias al *software* de Social Connect. Como resultado consiguieron una llamada de ventas. Aunque no fue una venta grande, les dio la esperanza de que Social Connect pudiera encontrar nuevos negocios para reemplazar a su cliente más importante.

Sarah y Michael progresaban, pero aún tenían mucho camino por recorrer. Tenían un mes para asegurar más clientes y evitar pedir un préstamo o buscar inversores. Sarah se sentía optimista, creía que las cosas saldrían bien. Michael sentía valentía, pero su enfoque práctico lo llevaba a explorar opciones de financiamiento en caso de necesitarlas en el futuro.

Cada día, Michael se levantaba decidido a tener éxito. Se hablaba a sí mismo en lugar de escucharse y comenzó a correr de nuevo. Los principios de *amar*, *servir* y *cuidar* se convirtieron en la base de Social Connect, todos lo sabían, incluso Sarah, Michael y los empleados y deseaban que los clientes se dieran cuenta antes de que fuera demasiado tarde.

La semana siguiente, recibieron más recomendaciones, pero no cerraron ningún negocio nuevo. A pesar de sus esfuerzos e inversiones en servicio al cliente y *software*, un nuevo cliente no era suficiente para cubrir los costos adicionales. Michael se sentía frustrado, golpeó su escritorio en un momento de ira y lo rompió. Se arrepintió de perder los estribos y sabía que aún era un trabajo en progreso. Más tarde, esperaba que J. pudiera ofrecerle algunas respuestas y ayudar a arreglar su escritorio.

En la tienda de burritos, Michael vio a una mujer dándole las gracias al carpintero por salvarle la vida.

—¿Qué pasó? —preguntó Michael. Luego, se sentó junto al carpintero.

—No fue nada. Se estaba ahogando y realicé la maniobra de Heimlich.

—¿Acaso vas por la ciudad en busca de oportunidades para salvar vidas como un superhéroe? —preguntó Michael entre risas — Ahora sé cuál es tu secreto real para tener tanto trabajo.

—Me pasa todo el tiempo —dijo J.—. Siempre estoy en algún lado, conozco gente y estoy disponible para ayudar. Cuando estas disponible las oportunidades para ayudar se presentan solas. De alguna manera, siempre encuentro a alguien que necesita ayuda y estoy en el lugar correcto en el momento correcto.

—¿Cómo cuando colapsé?

—Sí, y como pasó contigo, siempre resulta en una relación en la que construimos algo maravilloso juntos. Creo que me pasa tan seguido que lo normalicé.

—Para mí es muy extraño, pero estoy muy contento de que ese día estuviste de manera extraña al lado mío —dijo Michael. No sabía bien qué era, pero se sentía mejor cerca de J. «Ya que siempre estás para mí, necesito algo antes de pedirte un consejo. Mi escritorio se rompió y quería saber si podrías arreglarlo mañana», preguntó Michael.

—Recién terminé un trabajo, mi próximo cliente tuvo una emergencia, así que tengo disponible un lugar esta semana. Pero no quiero solo arreglar tu escritorio. Quiero construirte uno especial, un escritorio J. Emmanuel. Te escribiré qué tipo de madera necesito y si la tienes para cuando llegue, puedo comenzar de inmediato. ¿Está bien?

—Fantástico —dijo Michael. Miró alrededor y vio a mucha gente esperando hablar con J. para contratarlo.

J. también se dio cuenta de toda la gente que lo estaba esperando, pero se concentró en Michael, quería brindarle toda su atención. Le preguntó: «En qué más te puedo ayudar».

—Puedo esperar —dijo Michael al ver la multitud—. Hay mucha gente que quiere hablar contigo. Podemos hablar mañana. ¿Necesitas que te pase a buscar? Mi oficina queda mucho más lejos que mi casa —le dijo mientras le escribía la dirección de la oficina en su tarjeta.

—No, gracias. Tomaré el autobús hasta la mitad del camino y caminaré el resto. Quién sabe, quizás salvaré la vida de alguien más mañana —dijo y comenzó a reír.

Capítulo 29

Sé la misión

 Mientras el carpintero construía el nuevo escritorio para Michael, hablaron sobre los desafíos en Social Connect. Michael compartió sus esfuerzos para implementar *amar, ayudar, cuidar,* y el frustrante resultado de adquirir solo un nuevo cliente.

—Yo lo veo de otra manera —dijo el carpintero—. Deberías estar agradecido por ese nuevo cliente. Cuanto más aprecies a cada cliente, atraerás muchos más. Esta es una oportunidad de crecimiento para ti y tu empresa —dijo con una cálida sonrisa.

Michael asintió, se dio cuenta de que el carpintero tenía razón. Había estado enfocándose en lo que Social Connect carecía en lugar de sus logros, viendo las cosas de manera pesimista en lugar de como oportunidades.

—Recuerda lo que te dije antes —dijo J.—El éxito lleva tiempo. Los clientes no reconocerán de inmediato tus esfuerzos por *amar, ayudar* y *cuidar.* El mundo exterior no verá tu trabajo interno de inmediato. No siempre serás reconocido, pero está bien. Sigue haciendo el trabajo. Con el tiempo, la gente lo notará, la palabra se difundirá y la verdad brillará.

El carpintero recogió un trozo de madera para la pata del escritorio y continúo: «Todos quieren éxito rápido. No quieren ensuciarse. Pero amar a todos, ayudar a otros y cuidar no es fácil. Es difícil cuando tu propia vida es desafiante».

—No es nada fácil. *Amar*, *ayudar* y *cuidar* suena simple, pero vivirlo es muy difícil —dijo Michael mientras miraba el modelo del corazón del éxito en su pared—. Una gran afirmación de misión es inútil a menos que todos estén en una misión.

—Eso es cierto —dijo el carpintero—. No puedes solo hablar de la misión; tienes que *ser* la misión. Todos en tu equipo deben vivirla, respirarla y compartirla.

»Amar más profundamente, ayudar mucho más y cuidar más. El amor por lo que estás construyendo debe ser mayor que los desafíos que enfrentas. Ayudar a todos como si fueran la única persona en el planeta. Cuida a todos tanto que demuestres que todos te importan —dijo el carpintero. En ese momento, vio que Michael estaba abrumado. Aunque Michael ya hacía todo lo que le estaba pidiendo, el carpintero pidió más, como hacen los grandes entrenadores.

»¿Sabes qué nos impulsa a amar más profundamente, a ayudar mucho más y a cuidar más? —preguntó J.

—¿Tengo que *ser* la misión? —preguntó Michael.

—Sí —respondió J.— pero hay algo antes de la misión. La clave es encontrar el propósito que te inspira a ser la misión. Habrá días en los que no te sientas optimista o no quieras levantarte de la cama. Durante esos tiempos, recuerda tu propósito. Cuando conoces tu porqué, encontrarás una manera. Tu propósito te inspirará a amar, ayudar y cuidar incluso cuando no tengas ganas.

100

El carpintero

—Entonces, ¿cómo pongo esto en práctica? —preguntó Michael— ¿Y cómo ayudo a mi equipo a amar más profundamente, a ayudar más y a cuidar más?

El carpintero recogió otro trozo de madera para medirlo y dijo: «Tú y tu equipo deben completar esta frase: "Amo, ayudo y cuido porque_____". Cuando puedan completar esta frase, se convertirán en poderosos constructores de éxito. Y si sigues mi consejo, te convertirás en uno de los mayores constructores de éxito del planeta».

Capítulo 30

Todos para uno

 El carpintero terminó de medir la madera para las patas del escritorio e hizo marcas donde las cortaría. Luego metió la mano en su bolsa y le entregó a Michael otro corazón de madera que había hecho para la oficina de Social Connect. En él estaban talladas las palabras *amar, ayudar* y *cuidar*. Luego, dijo: «Una vez que sabes por qué amas, ayudas y cuidas, lo compartes con una persona a la vez. Reúnes todo tu amor, todo tu deseo de ayudar y cuidar y lo das a una persona, un momento, una interacción a la vez».

—Es fácil sentirse abrumado cuando piensas en implementar amar, ayudar y cuidar con todos los miembros de tu equipo, clientes y todas las personas con las que interactúas. Puedes poner estos sistemas y programas en marcha e igual fallar en amar, ayudar y cuidar a los que están justo frente a ti. Te abruma tanto hacer esto por todos que al final no lo haces por nadie. Empiezas a creer que no puedes hacer una diferencia, así que ni lo intentas. Pero la verdad es que *puedes* hacer la diferencia.

»Es como la historia de dos amigos que caminan por la playa y encuentran estrellas de mar varadas en la orilla. Uno empieza a recoger las estrellas de mar y arrojarlas de nuevo al océano. El otro pregunta: «¿Por qué haces eso? Hay tantas estrellas de mar varadas en la playa, no puedes ayudarlas a todas». El primer amigo recoge otra estrella de mar, la arroja al océano y dice: «Para esa estrella, hice la diferencia».

»En este espíritu, la clave para convertirte en un poderoso constructor de éxito es hacer la diferencia para una persona, un momento a la vez. Lo haces cada día, con cada persona, en cada momento, en cada interacción. Con el tiempo, impactas poderosamente a muchas personas. Recuerda, una gran misión comienza con un pequeño grupo. Si quieres impactar a millones, empieza con uno. Si quieres impactar a miles de millones, empieza con doce, una persona a la vez.

Michael pensó en el equipo de baloncesto de su hija y se dio cuenta del poder de las palabras del carpintero. Con las 12 chicas de su equipo, se enfocó en una interacción a la vez y vio un impacto poderoso. También notó esto en el nuevo salón de belleza que Sarah había encontrado. Mientras esperaba el corte de cabello de su hija, conoció al dueño, Frank. Cuando le preguntaron por qué su salón estaba tan lleno, Frank dijo que su secreto era simple. Trataba a cada cliente como si fuera familia: a las chicas jóvenes como a su hija, a las mujeres de su edad como a su esposa y a las mujeres mayores como a su madre. El negocio de Frank creció porque trataba a sus clientes como familia.

Sin embargo, Michael no hacía esto con su equipo en el trabajo, ni ellos lo hacían con el servicio al cliente. Estaban demasiado enfocados en los grandes problemas para ver la pequeña, simple y poderosa solución. No se trataba de amar, ayudar y cuidar a *todos* de una vez. Se trataba de hacerlo *una persona a la vez*. Michael sabía lo que tenía que hacer de inmediato. Antes de irse para encontrarse con Sarah y su equipo, el carpintero tenía un último consejo.

—Lo que estoy a punto de decirte puede parecer contradictorio porque hemos hablado de estrategias para construir tu negocio, pero la clave para amar, ayudar y cuidar a una persona a la vez es esta: «no te enfoques en construir tu negocio. Enfócate en usar tu negocio para amar, ayudar, cuidar y fortalecer a los demás. Si haces esto, tu negocio crecerá y se multiplicará exponencialmente».

—Es contradictorio, pero lo entiendo —dijo Michael. Tenía perfecto sentido para él. Su experiencia como entrenador le había enseñado que si quieres ganar un partido de baloncesto, no debes enfocarte en ganar. Debes enfocarte en el proceso que te lleva a ganar. Su cita favorita de entrenadores era: «No te enfoques en ganar un campeonato, enfócate en convertirte en un campeón». Sabía que los campeones hacían jugadas que ganaban campeonatos.

También se centraba en el proceso como padre. A menudo les decía a sus hijos que no se preocuparan por las calificaciones, sino que dieran lo mejor de sí cada día, y les iría bien. Él y Sarah les enseñaban los hábitos correctos y sabían que estos hábitos llevarían a grandes resultados.

Sin embargo, en el trabajo, no hacía del proceso el enfoque, y sabía que su equipo necesitaba escuchar en qué debían enfocarse. No se trataba de construir el negocio. Su trabajo era amar, ayudar, cuidar y fortalecer a los demás. Si hacían esto en cada momento y en cada interacción, Social Connect crecería. Era tan simple que Michael quería patearse por olvidar lo que sabía que era verdad. Desafortunadamente, pensó que podría ser demasiado tarde ya que tomaría tiempo para que este enfoque se tradujera en más negocios, y necesitarían un milagro para adquirir algunos clientes más antes de que se agotara su financiamiento. Pero no había otra opción. No podía esperar un minuto más. Tenía que compartir el consejo del carpintero de inmediato.

—Te veré en un rato. Voy a fortalecer a los demás —dijo Michael antes de agradecer a J. por su consejo y salir para reunirse con su equipo y empresa.

Capítulo 31

Progreso

 La semana siguiente fue la mejor semana en la historia de la empresa, no en ganancias financieras sino en el espíritu general. Aunque no adquirieron clientes nuevos, Michael notó un cambio cuando todos adoptaron los principios de amar, ayudar y cuidar entre ellos, con los clientes y durante las llamadas de ventas. Sarah y Michael decidieron medir el éxito por el impacto de su amor, ayuda y cuidado, en lugar de métricas financieras. Irónicamente, vendían tecnología que conectaba los mundos digitales con los físicos, pero su prioridad era fomentar las conexiones humanas. Creían que enfocarse en el proceso llevaría a resultados gratificantes.

Su nuevo enfoque llevó a una mejora dramática en el servicio al cliente. Las puntuaciones alcanzaron un máximo histórico, y los empleados, a pesar de dar más en cada interacción, se sentían con mucha más energía. Sarah le explicó a Michael que cuidar más no te cansa; te llena de energía a ti y a los demás. También agregó que el trabajo duro no es agotador; una actitud negativa y sentirse ineficaz es lo que drena la energía. Michael se sentía afortunado de haberse casado con una mujer tan inteligente.

Juntos, promovieron su enfoque de una persona a la vez en toda la empresa y lo modelaron el uno para el otro. Hablaron sobre la importancia de un liderazgo fuerte en la cima para evitar que se derrumbe la base de la organización. Entendieron que el éxito de su familia y su negocio comenzaba con su relación. A pesar de las luchas y desafíos, aspiraban a ser un equipo unido y fuerte.

—Pase lo que pase, superaremos esto y seremos más fuertes que nunca —dijo ella.

—Lo sé —respondió él, esforzándose por mantenerse optimista. Se enfocó en el consejo del carpintero de enfocarse en un día a la vez y una persona a la vez. Con solo unas semanas para salvar su negocio, Michael sabía que tenía que asegurar más clientes. A diferencia de antes, ahora se sentía más fuerte, más enfocado y mejor preparado para enfrentar los desafíos, gracias a la guía del carpintero. Repetía las frases que le enseñó incluso cuando no tenía ganas. Cada mañana, elegía el optimismo y la valentía. Cuando se desanimaba, leía las afirmaciones positivas y se enfocaba en su propósito. Su objetivo no era solo construir una empresa sino cambiar el mundo.

Cuando el miedo y la duda se infiltraban, Michael decidía seguir adelante, creía que de alguna manera todo saldría bien. Actuaba como si el resultado dependiera de él y rezaba como si dependiera de Dios. Con el futuro de su familia en juego, estaba decidido a darlo todo para proveer para ellos.

Capítulo 32

Todo es espiritual

 Al final de la semana, Michael entró a su oficina mientras el carpintero le daba los últimos retoques al nuevo escritorio. Había quedado magnífico. Michael estaba sin palabras, maravillado por el talento del carpintero y preguntándose cómo alguien podía crear tanta belleza con piezas de madera. Después de una larga pausa, preguntó en voz baja: «¿Cómo haces lo que haces?».

—Es porque sé quién soy —dijo el carpintero con una sonrisa en su rostro.

—Por supuesto que sí. Eres J. Emmanuel, un artesano disfrazado de carpintero —dijo Michael con una gran sonrisa.

—Es más que eso —dijo el carpintero—. Sé que no soy un ser humano con una experiencia espiritual. Soy un ser espiritual con una experiencia humana. Aunque tengo un cuerpo, son mi alma y espíritu los que me dan energía. Los artistas crean desde lo más profundo de sus almas. Un artista se inspira en el espíritu. Sé quién soy y sé el poder que me inspira a crear.

Hizo una pausa y pasó su mano por la superficie lisa del escritorio.

—Todos podemos crear con este poder, pero muchas personas han olvidado quiénes son realmente. Hace dos mil años, no había separación entre la vida laboral y la vida espiritual. Ahora las separamos y nos preguntamos por qué la gente es tan miserable. El trabajo está destinado a ser una experiencia espiritual, no una tarea diaria. Todo trabajo es sagrado. Todo es espiritual. Cuando llevas tu espíritu al trabajo, te conviertes en un poderoso constructor de éxito.

Con una gran sonrisa, el carpintero hizo un gesto para que Michael se sentara en su silla en el nuevo escritorio. En el momento en que Michael se sentó, sintió algo diferente en el escritorio y supo que todo lo que el carpintero decía era verdad. «¡Guau!», fue todo lo que pudo decir.

—Sí —continuó J.—. Cuando te das cuenta de que todo es espiritual, no solo construyes grandes cosas; construyes con gran poder. Ya sea un equipo, un negocio, una escuela o *software*, tu espíritu y alma deben definir todo lo que construyes. Tu trabajo debe reflejar lo mejor de ti. Estás destinado a crear y construir desde lo más profundo de tu alma. Cuando construyes de esta manera, será una de las experiencias más poderosas y asombrosas que tendrás.

»La gente te preguntará cómo lo hiciste, y será difícil de explicar. Pero tu trabajo y esfuerzo no necesitarán una explicación. Como este escritorio, tu espíritu y alma estarán a la vista de todo el mundo, y sabrán que hay algo diferente en ti. Sabrán que hay algo más poderoso moviéndose en ti. La mayoría pensará que eres especial y que no pueden crear como tú. Algunos se darán cuenta de que este don está destinado para todos, y que ellos también pueden hacerlo. Te preguntarán cómo se hace, y tú se lo dirás porque el éxito está destinado a ser compartido. Si escuchan y siguen tu consejo, juntos construirán grandes cosas y cambiarán el mundo.

El carpintero luego se acercó a Michael y le dio un abrazo de despedida: «Estás listo, mi amigo, para construir cosas aún más grandes. Te compartí todo lo que sé, y estoy emocionado por ti y tu futuro. Por favor, ven a verme y cuéntame cómo van las próximas semanas. Espero escuchar grandes cosas».

—Lo haré —dijo Michael, quien en ese momento no compartía el optimismo del carpintero. Mientras pensaba en lo que aún tenía que hacer para salvar su empresa, se sentía más temeroso y menos espiritual que nunca.

Capítulo 33

Crear lo imposible

Michael quería construir un negocio que dejara a la gente preguntándose cómo lo había hecho. Mientras trabajaba cada día, recordaba las lecciones del carpintero y deseaba que todo realmente fuera espiritual. Con solo dos semanas restantes, él y Sarah necesitaban un milagro para salvar su negocio y su sueño.

Inicialmente, Michael pensó que recaudar fondos de los inversores sería fácil. Sin embargo, los inversores dudaban debido a que Social Connect había perdido a su cliente más importante, lo que lo convertía en una inversión arriesgada. Creían que la propiedad intelectual de la empresa podría comprarse a bajo precio si quebraba, por lo que evitaban el riesgo.

Michael sabía que una vez que terminara el contrato de su principal cliente, Social Connect se quedaría rápidamente sin fondos sin una nueva inversión. Incluso si conseguían nuevos clientes, los ingresos no llegarían de inmediato. Sin el apoyo de los inversores, necesitaba financiación alternativa para sostener el negocio hasta que llegaran los ingresos de los nuevos clientes, suponiendo que pudiera, incluso, confirmar estos clientes.

Recordó a Fred Smith, el fundador de FedEx, quien enfrentó una crisis similar. Smith fue famoso por ir a Las Vegas, apostar y ganar lo suficiente para mantener a FedEx a flote hasta que se asegurara más financiación. Michael, no iba a ir a Las Vegas, él optó por ir al banco y asegurar una segunda hipoteca sobre su casa. Si su negocio fracasaba, perderían su hogar también. Era un movimiento arriesgado, pero era la única opción para mantener la empresa un tiempo más mientras intentaba lograr lo imposible.

Cuando volvía del banco, Michael decidió que si lo perdían todo, empezarían de nuevo. Creía que lo espiritual crea lo físico, y que las ideas y los principios conducen al éxito duradero. Equipado con las herramientas, principios y estrategias correctas, se sentía seguro de que podría construir algo nuevo si Social Connect fracasaba. Podrían quitarle su negocio y su hogar, pero no lo que había aprendido del carpintero. Su espíritu permanecía inquebrantable, y estaba decidido a cambiar el mundo, incluso si eso significaba soportar dificultades y perder las comodidades actuales. Pero estaba dispuesto a luchar para vivir su propósito y seguir su sueño.

El miedo de Michael se transformó en fe, y su fe en confianza de que estarían bien, independientemente del resultado. Creía en un plan mayor para su vida y dejó ir el miedo. Durante lo que debería haber sido el momento más aterrador, encontró paz y espiritualidad. Se dedicó completamente a su negocio, trabajo más duro que nunca sin sentirse estresado o cansado.

Una semana después, sin nuevos clientes, la situación parecía desesperada. Las posibles ventas fracasaron y llegaron pocas recomendaciones. El negocio estaba al borde del colapso. Michael aceptó su destino con calma, preparándose para perderlo todo y empezar de nuevo.

Pero los milagros ocurren cuando todo parece perdido. Lo físico da paso a lo espiritual y lo imposible se vuelve posible. Michael y Sarah recibieron una llamada inesperada de una reportera de una revista de negocios local.

Ella quería presentarlos en un artículo sobre parejas que construyen negocios juntos. La entrevista iba a publicarse en un artículo sobre las 10 parejas más destacadas de la tecnología en la ciudad. Aunque no esperaban mucho, el artículo se publicó unos días después y sus teléfonos en la oficina comenzaron a sonar sin parar. En la historia iban a incluir una pequeña mención sobre ellos, pero la reportera decidió hacerlos el enfoque del artículo, entrevistó a varios clientes que elogiaron el software y el enfoque centrado en el cliente de Social Connect. Milagrosamente, la reportera no entrevistó al cliente que se había ido debido a errores pasados.

Esa semana, recibieron muchas posibles ventas y recomendaciones que en los tres meses anteriores combinados. Era como si estuvieran viviendo las palabras del carpintero: el éxito lleva tiempo y el reconocimiento no llega de la noche a la mañana. El artículo mostró su alma y espíritu al mundo. Cuando parecía que todo estaba perdido, no solo ganaron dos, sino cinco nuevos clientes.

Unos meses después, Michael y Sarah estaban en el banco, llorando y abrazándose. Mientras su último centavo salía de su cuenta para pagar los gastos, depositaron cheques de sus nuevos clientes. El momento no podría haber sido más perfecto.

Con su modelo «Amar, ayudar, cuidar», Sarah, Michael y Social Connect atendieron con éxito a cinco nuevos clientes, contrataron más empleados, recibieron más recomendaciones y mejoraron su *software*, que si bien se hizo famoso, se hicieron más conocidos por su modelo de negocio *Corazón del éxito*. Cada año, ganaban el premio al «Mejor lugar para trabajar», pero seguían siendo humildes y ambiciosos, siempre buscaban maneras de amar más, ayudar mucho y cuidar más. Michael les contó a todos que cuando te enfocas en una persona y un momento a la vez, y construyes tu negocio sobre los principios de *El camino* solo conseguirás crecer. Documentó los consejos del carpintero en un manual de construcción del éxito que describe los principios y estrategias fundamentales de la empresa.

Como predijo el carpintero, su negocio creció rápidamente. Cinco nuevos clientes se convirtieron en 20, luego en 100. Social Connect se expandió tan rápido que se mudaron a una oficina más grande, ¿adivinen quién hizo todo el trabajo de carpintería?. Michael reconoció que el carpintero era el mejor publicista en el mundo.

Michael aprendió que ayudar a otros a construir su negocio ayuda a que el tuyo crezca. Mejorar la vida de los demás mejora la tuya. Ayudar a un miembro del equipo a mejorar te hace mejor a ti.

Michael pensaba esto todos los días, sentado en su escritorio J. Emmanuel, era un recordatorio sobre cómo usar su trabajo y su vida para amar, ayudar y cuidar, y fortalecer a los demás. Prometió que, sin importar cuán exitoso se volviera, siempre recordaría impactar a una persona a la vez, tal como el carpintero lo había ayudado a él.

Capítulo 35

El éxito debe compartirse

Unos años después, Michael corrió para ver al carpintero en su último lugar de trabajo. Se había convertido en su ritual matutino correr hacia donde J. estaba trabajando en la ciudad. Pasaban un rato juntos para hablar y prepararse para el día. El carpintero siempre compartía consejos alentadores que Michael necesitaba escuchar y, a su vez, Michael los compartía con otros.

—Vaya, llegaste incluso más temprano que ayer —dijo el carpintero cuando Michael llegó.

—Salí a la misma hora que ayer, pero estoy corriendo más rápido —dijo Michael—. Mi nuevo lema es más viejo, más fuerte, más rápido y mejor.

—Eso es lo que yo llamo hablar con uno mismo —dijo el carpintero y comenzó a reír.

—Aprendí del mejor.

—¿Entonces, qué vamos a construir esta semana? —preguntó el carpintero.

—Estoy ayudando a una directora a fortalecer la cultura de su escuela. Luego, me reuniré con el equipo de liderazgo de un hospital y compartiré tu modelo con ellos. Después, me reuniré con un amigo de un amigo que me pidió que compartiera «amor, ayudar, cuidar» con todos los entrenadores de su universidad.

—Una semana ocupada —dijo el carpintero con orgullo. Michael puede que no fuera hábil con las manos, pero tenía un don para motivar a las personas y ayudar a los líderes a construir sus equipos. J. estaba orgulloso de él y de todo lo que hacía para ayudar a otros.

—Cada vez más ocupado —dijo Michael—. Y no olvides que empezamos a construir las casas para las personas que nuestra fundación seleccionó. Empezamos el sábado por la mañana.

—Estaré allí. Sabes que nunca pierdo una oportunidad para construir y cambiar una vida —dijo el carpintero mientras daba una palmada en la espalda de Michael. El carpintero siempre le había dicho a Michael: «Construirás cosas aún más grandes que yo» y con el tiempo Michael comenzó a creerle. El carpintero también le había dicho que siguiera soñando con las cosas que quería construir, e imaginar el futuro como debería ser. Luego actuar para crearlo. Dijo que muchas personas dejan de soñar y luego dejan de vivir. Y en una de las lecciones más poderosas de todas, dijo: «No logras un verdadero éxito a menos que estés ayudando a otros a tener éxito. El éxito debe compartirse».

Mientras Michael corría a casa, pensaba en todo lo que quería hacer para ayudar a otros a tener éxito, y en todo lo que él y el carpintero habían construido juntos. Comenzaron construyendo un centro de entretenimiento. Luego construyeron un escritorio, y luego su negocio. Ahora estaban construyendo mucho más. Michael y Sarah soñaban con construir casas para personas que no podían comprar una y lo hicieron. Empezaron con una y, a medida que su negocio, ganancias e influencia en su ciudad crecían, construyeron más y más. Luego soñaron con construir una escuela en África, y también lo hicieron con el apoyo de amigos y socios comerciales. Cuando sus hijos preguntaban por qué hacían todo esto, Michael y Sarah les enseñaban que el éxito que creas ahora es temporal, pero el legado que dejas es eterno. Creían que el objetivo en la vida no era acumular cosas, sino entregar tu vida. Y la mejor manera de entregar tu vida era ayudar a otros a construir cosas que marquen la diferencia.

Michael y Sarah donaban grandes sumas de dinero a su fundación, y su fundación también vendía corazones de madera hechos a mano por el carpintero, con las palabras *amor, ayudar,* y *cuidar* grabadas en la superficie. Su objetivo era difundir *amor, ayudar, cuidar* por todas partes.

Cuanto más dinero recaudaban, más daban. Cuanto más ayudaban a otros a tener éxito, más construían para otros, más crecía su propio negocio. Aprendieron la poderosa ley de la generosidad. Cuanto más das, más recibirás. Y así, cada año ganaban más y daban más.

Michael corrió más rápido por la calle mientras pensaba en nuevos sueños y proyectos que quería construir. Al acercarse a una intersección principal, vio un coche desviarse e intentar evitar a un joven en su bicicleta. Era temprano, las calles estaban tranquilas, y desafortunadamente, el conductor no maniobró lo suficientemente rápido. El coche golpeó la rueda trasera, haciendo que la bicicleta y el hombre cayeran y se golpearan contra el pavimento. Michael corrió hacia el joven, llamó al 911 y usó su toalla para detener el sangrado de la cabeza del hombre. El joven, que parecía tener unos veinte años, estaba consciente pero con dolor. Tenía varios rasguños y cortes en los brazos y piernas. Cuando llegó la ambulancia, los paramédicos le dijeron a Michael que las heridas del hombre eran mayormente superficiales; posiblemente tenía algunas costillas rotas, pero nada que amenazara su vida.

—Es muy afortunado —dijo Michael mientras pensaba en el día en que se desplomó años atrás, el día en que su vida cambió para siempre. Le entregó su tarjeta al conductor de la ambulancia para que se la diera al joven. No era una tarjeta elegante. Michael había aprendido que la mejor estrategia de *marketing* de todas no cabía en una tarjeta, y no consistía en decirle a alguien lo grandioso que eras. La mejor estrategia de *marketing* de todas era hacer algo grandioso por alguien más.

El joven y su familia miraron la tarjeta en el hospital. Era una simple tarjeta blanca con tinta negra que decía «Constructor» y tenía el número de teléfono de Michael.

¡Fin!

Herramientas para el éxito

Visita www.Carpenter11.com para:

- Imprimir carteles con frases memorables del libro.
- Compartir las estrategias del carpintero en tu organización y con tu equipo.
- Ver videos.
- Compartir con otros el Corazón del éxito.
- Invitar a tu equipo a amar, ayudar y cuidar.
- Pedir el plan de acción de *El carpintero* para implementar las estrategias descritas en el libro.
- Pedir corazones de madera para ti y tu organización. Todo el dinero recaudado se destinará a causas benéficas.

Lleva los principios esenciales para alcanzar el éxito a equipo y organización

Si deseas implementar el modelo del *Corazón del éxito* con tus líderes, tu organización o tu equipo, comunícate con Jon Gordon Companies mediante los siguientes datos de contacto:

Teléfono: (904) 285-6842

Correo electrónico: info@jongordon.com

En línea: JonGordon.com

Twitter: @jongordon11

Facebook: Facebook.com/JonGordonpage

Instagram: JonGordon11

Inscríbete al boletín electrónico semanal de Jon Gordon en: JonGordon.com

Para comprar una cantidad determinada de copias de *El carpintero* con descuento para grandes grupos u organizaciones, comunícate con tu vendedor de libros favorito o el grupo de ventas especiales de Wiley por correo a la siguiente dirección: specialsales@wiley.com o por teléfono al siguiente número: (800) 762-2974.

LIBROS EN ESPAÑOL DE
JON
GORDON

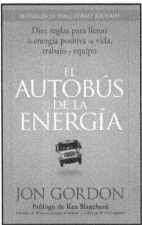

El Autobús de la Energía
ISBN: 978-1-394-34800-8

El Poder del Liderazgo Positivo
ISBN: 978-1-394-34801-5

Una Palabra Que Cambiará Tu Vida
ISBN: 978-1-394-34920-3

Primero Ganas en El Vestuario
ISBN: 978-1-394-34803-9

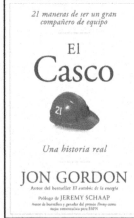

El Casco
ISBN: 978-1-394-34804-6

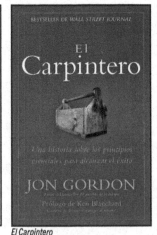

El Carpintero
ISBN: 978-1-394-34975-3

WILEY